武英殿仿相臺岳氏本五經

周易

【魏】王弼 注　【晉】韓康伯 注
略例　【魏】王弼 撰　【唐】邢璹 注　【唐】陸德明 音義

上海古籍出版社

據上海圖書館藏乾隆四十八年武英殿刻本影印原書版匡高二十點二厘米寬十三點五厘米

出版説明

張學謙

一、宋廖氏世綵堂九經

廖瑩中世綵堂九經刻於南宋理宗景定（一二六〇—一二六四）至度宗咸淳（一二六五—一二七四）年間，凡《周易》《尚書》《毛詩》《周禮》《禮記》《左傳》《論語》《孝經》《孟子》九種〔一〕，均爲經注附釋文本。周密《志雅堂雜鈔·書史》記其事云：

廖群玉諸書，則始於《開景福華編》……其後開九經，凡用十餘本對定，各委本經人點對，又圈句讀，極其精妙，皆以撫州單抄清江紙、造油烟墨印造，其裝飾至以泥金爲籤，然或者惜其删略經注爲可惜耳。〔二〕

廖氏九經乃據多種版本，經專人校勘、句讀而成，刻印精美、裝飾豪華。每卷末以篆文或八分字體刻「世綵廖氏刻梓家塾」木記，作長方、橢圓、亞字等形〔三〕，與今存世綵堂刻本《昌黎先生集》《河東先生集》相同，蓋爲廖氏刻書定式。至於「删略經注」的説法則不準確，廖氏删略者並非經注文字，而是陸德明《經典釋文》（詳後）。

廖刻《昌黎先生集》《河東先生集》書前均有《凡例》，述編校體例。九經亦附《九經總例》，詳辨諸本互異之處，分爲《書本》《字畫》《注文》《音釋》《句讀》《脱簡》《考異》，凡七則。〔四〕《九經總例》原書雖亦不存，但其内容保存在元人岳浚《相臺書塾刊正九經三傳沿革例》中，屬於鄭樵所説的「書有名亡實不亡」者。廖刻原無《公羊傳》《穀梁傳》及《春秋年表》《春秋名號歸一圖》，故《總例》未及。岳氏既增刻四書，又於《沿革例》卷末著明補刻原委，不與《總例》原文相亂。〔五〕

據《九經總例》所述，可概括出廖本九經的幾個特點：

（一）廣羅衆本，精於校勘。《九經總例·書本》列所用版本二十三種，「專屬本經名士，反覆參訂，始命良工入梓」。《注文》《脱簡》《考異》三則中列有例證。

（二）經注均加句讀。自五代監本以來，官刻經書均無句讀。建本始仿館閣校書之式，添加圈點，但也僅及經文。廖本以前，僅有蜀中字本及興國于氏本經文、注文皆加句讀。廖本又在二本基礎上加以修正，足資參考。

（三）節録音釋，隨音圈發。單經注本不附音釋，《釋文》自爲一書，讀者難於檢尋。建本、蜀中本將《釋文》散附注文之下，甚便翻閲，但又失於龐雜繁瑣。故廖本僅節録《釋文》難字音切（部分改爲直音），釋義、異文等多不取，極爲簡明。《大學》《中庸》《論語》《孟子》併附朱熹「文公音」（據《四書章句集注》）。對於多音字，在此字四角相應處加圈，以示平、上、去、入之别。

二、元盱郡重刊廖氏九經及相臺岳氏九經三傳

廖瑩中依附宋末權相賈似道。德祐元年（一二七五），賈氏事敗，廖瑩中仰藥

死，書板很快散落不存，元初已成罕見之本，今日則無一存者。幸而元代出現兩種翻刻本〔六〕，尚可藉以窺見廖本面貌。

一是盱郡刻本。現存《論語》《孟子》二種，毛氏汲古閣舊藏，後入内府，今藏臺北「故宫博物院」。有民國二十一年（一九三二）《天禄琳琅叢書》影印本及一九八五年臺北故宫博物院影印本。八行十八字，注文雙行小字同，細黑口，四周雙邊，有書耳。版心上有寫工名，下有刻工名。卷末木記刻「盱郡重刊廖氏善本」或「盱江重刊廖氏善本」，形狀亦仿廖本作長方、橢圓、亞字、鐘形等式。當時應是重刊廖氏九經及《總例》，時間在元英宗至治二年（一三二二）之前。〔七〕

另一種則是更爲著名的相臺岳氏刻本。此「相臺岳氏」，前人皆以爲南宋岳珂，經張政烺考證，始知乃元代荆谿（今江蘇宜興）岳浚。刊刻時間在大德（一二九七—一三〇七）末年，卷末木記刻「相臺岳氏刻梓荆谿家塾」。岳氏除翻刻廖本九經外，又增刻《公羊傳》《穀梁傳》，凡十一經，稱爲「九經三傳」，另附《春秋年表》《春秋名號歸一圖》。改《九經總例》之名爲《相臺書塾刊正九經三傳沿革例》，内容仍存其舊，僅於卷前增改小引，卷末增《公羊穀梁傳》《春秋年表》《春秋名號歸一圖》三則。岳本與盱郡本的行款、版式完全一致，字體風格、木記樣式近似，文字、句讀及圈發幾乎全同，可見兩者均能忠實反映廖本原貌。〔八〕

岳本九經三傳，現存者僅有《周易》（中國國家圖書館藏，《四庫》底本）、《周禮》（臺北「故宫博物院」藏，殘本）、《左傳》（國圖藏，卷十九、二十配他本；日本静嘉堂文庫藏，殘本）、《論語》（國圖藏）、《孝經》（國圖藏）、《孟子》（國圖藏）六經。〔九〕明代有翻刻岳本者，所刻經數不明，僅見《周禮》《左傳》《孝經》三種，且非一家所刻。《四部叢刊初編》影印明翻岳本《周禮》，行款、版式、字體均極似原本，版心刻工亦照刻，惟無木記爲異。但校勘欠精，注文、音釋多形似之誤。〔一〇〕明翻本《孝經》爲白口，四周雙邊，卷末有「湯仁甫刻字」一行。〔一一〕明翻本《左傳》爲白魚尾，版心刻「左傳卷×」，與原本不同，最易識别。

三、清乾隆武英殿仿刻相臺岳氏五經

相臺岳氏九經三傳中，乾隆内府舊藏有《周易》《尚書》《毛詩》《禮記》《左傳》《論語》《孝經》《孟子》八種。其中《左傳》見於《天禄琳琅書目》（前編）卷一，入藏較早，原與「天禄琳琅」各書一併庋藏於乾清宫昭仁殿。其後復得《周易》《尚書》《毛詩》《禮記》四經，乃於乾隆四十八年（一七八三）「撤出昭仁殿之《春秋》，以還岳氏五經之舊，仍即殿之後廡，所謂慎儉德室者，分其一楹，名之曰『五經萃室』，都置一几。是舊者固不出昭仁殿，而新者亦弗闌入舊書中」。〔一一〕嘉慶二年（一七九七）十月，乾清宫大火，昭仁殿之天禄琳琅藏書及後廡「五經萃室」之岳本五經皆被焚毁。〔一二〕幸而乾隆四十八年高宗曾下旨仿刻五經，今日尚得窺其面貌。

《論語》《孝經》《孟子》則見於《天禄琳琅書目後編》卷三，乃嘉慶三年重建昭仁殿「天禄琳琅」後續入之「天禄繼鑑」書。此三經現均藏於中國國家圖書館，其中《論語》《孝經》已有《中華再造善本》影印本。

據乾隆武英殿仿岳本五經所摹藏印及《天禄琳琅書目後編》所載《論語》《孝經》《孟子》三書藏印，可考得内府八經的遞藏情况如下：

《周易》《尚書》《毛詩》《論語》《孟子》：李國壽→晉府→陳定→季振宜→徐乾學→内府。

《孝經》：李國壽→晉府→陳定→唐良士→季振宜→徐乾學→内府。

《禮記》：李國壽→晉府→内府。

《左傳》：項篤壽→季振宜→内府。

除《左傳》外，内府七經最初均爲李國壽所藏。李國壽生於元初，元代中期主要活動於江浙一帶，很可能與岳浚有交往，故岳本行世不久即爲其所得。〔一四〕

乾隆四十八年正月，高宗於昭仁殿後廡建「五經萃室」以貯岳本五經，並作《五經萃室記》以紀其事。又於正月內下旨，令永璇等「選員仿寫刊刻，並令校訂群經，别爲考證，附刊各卷之末」。至本年十一月，武英殿仿刻五經完竣，裝潢呈覽。〔一五〕

其刊刻步驟是：先選派四庫館繕簽處的費振勳、羅錦森、王錫奎、王鵬、金應瓊、胡鈺、吴鼎颺、孫衡、虞衡寶九人據岳本原本摹寫，再交武英殿上版刊刻。武英殿翻岳本各卷末均於版框外下方刻一長條狀書耳，内刻「内閣中書臣費振勳敬書」「進士臣王鵬敬書」「舉人臣金應瓊敬書」等字樣。《周易》書前刻《五經萃室記》，各經前刻高宗爲各經所題詩。〔一六〕翻刻本將原本所鈐包括天禄琳琅諸印在内的歷代藏印一併摹刻，行款、版式、點畫一仍原本之舊。惟原本版心所標書名、卷數極爲簡略，如《周易》作「易×」，《左傳》作「秋×」（亦有作「某（公）第×」者），殿本統改作「周易×」「春秋×」，並於版心上方刻「乾隆四十八年武英殿仿宋本」。

高宗下旨時即令「校訂群經，别爲考證」，但岳本考證實際成於翻刻完成之後。

以《左傳》爲例，卷一考證：「十年，翬帥師會齊人、鄭人伐宋。註：明翬專行，非鄭之謀也。○『鄭之謀』當作『鄧之謀』……原本『鄭』字乃『鄧』字之譌，依殿本改正。」卷五考證：「十四年，沙鹿崩。註：平陽元城縣東有沙鹿土山。○案《晉書·地理志》元城屬陽平郡……原本及諸本訛作『平陽』，今依殿本改正。」卷五考證：「獲晉侯以厚歸也。註：君將晉侯入。○案此乃秦伯自言，不當用『君』字，蓋係『若』字之訛，據殿本改。」卷七考證：「晉侯在外十九年矣。註：晉侯生十七年而亡，亡十九年而反，凡二十六年。○案，十七年、十九年合之得三十六，『二』字乃『三』字之訛，依殿本改。」〔一七〕相應正文均有明顯的挖改痕跡。檢《中華再造善本》影印岳本《左傳》，此四處均與未挖改前文字相同。

岳本考證參校之本有北監本、汲古閣本（考證或稱「閣本」）、武英殿本、永懷堂本等，且多參用毛居正《六經正誤》之説。岳本《左傳》書前所附《春秋年表》《春秋名號歸一圖》則校以通志堂本，並參考《欽定春秋傳説彙纂》。各條考證出文均爲岳本原文，凡經考證岳本有誤者，翻刻本均改字（即《五經萃室聯句序》所謂「較岳刻而掃葉無譌」），且多有考證未明言改字而正文已改者。阮元校《十三經注疏》，岳本五經用武英殿翻刻本，即有因此而誤以翻刻改字爲岳本原文者。如岳本《周易·歸妹》象注「嫁而係姊」，考證「諸本作係娣」云云，未明言改字，而武英殿翻岳本實作「係娣」。阮校云：「嫁而係娣，岳本、閩、監、毛本同。」誤信翻岳本。因此，使用武英殿翻岳本，需注意核查考證出文。

道光以降，又出現多種殿本的翻刻本，如貴陽書局、廣州書局、成都書局、福建書局、琉璃廠、江南書局等，然或未刻璽印，或刊印不精，不及乾隆殿本遠甚。

總之，宋廖瑩中世綵堂刻本九經校勘細緻，刻印精美，經注均加句讀，又附圈發及簡明音釋，是一套上佳的經書讀本，可惜今已無傳本存世。元代有兩種翻刻本：盱郡刻本僅存《論語》《孟子》二經。相臺岳氏增刻爲九經三傳，今存《周易》《周禮》（殘本）《左傳》《論語》《孝經》《孟子》六經，《尚書》《毛詩》《禮記》三經僅賴乾隆翻刻本以存概貌。

上海古籍出版社今將上海圖書館藏清乾隆武英殿仿元相臺岳氏五經影印出版，以供研究者參考。底本書衣右下方有紅色戳記「丙辰年查過」，書中夾有愚齋圖書館藏書卡片（《四家詞鈔》），首頁鈐有「子文藏書」朱印。因知此書原爲盛宣懷愚齋圖書館舊藏，後歸宋子文，再歸上圖。一九一六年愚齋圖書館爲籌備開館而清點全部藏書，「丙辰年查過」戳記即此時加蓋。一九三三年以後，愚齋圖書館藏書分別捐贈聖約翰大學（後歸華東師範大學）、交通大學（後歸合肥師範學院、安徽師範大學）和山西銘賢學校（後歸山西農學院、山西農業大學）〔一八〕。聖約翰大學獲贈盛氏藏書乃經宋子文中介〔一九〕，故宋氏亦有所得。

〔一〕　張政烺《讀〈相臺書塾刊正九經三傳沿革例〉》，《張政烺文集·文史叢考》，北京：中華書局，二〇一二年，第三三四頁。

〔二〕［宋］周密《癸辛雜識·後集》「賈廖刊書」條亦記其事而文字略遜：「廖群玉諸書，則始《開景福華編》……九經本最佳，凡以數十種比校，百餘人校正而後成，以撫州萆抄紙、油烟墨印造，其裝褫至以泥金爲籤，然或者惜其删落諸經注爲可惜耳。」闕「又圈句讀」一句。又「萆抄」乃「單抄」形近之誤，元孔齊《静齋至正直記》卷二「白鹿紙」條云：「臨江亦造紙，似舊宋之單抄清江紙。」所謂「單抄」指抄紙時僅抄一次，幾種《癸辛雜識》點校本均未校正，故附識於此。

〔三〕［清］于敏中等撰、徐德明標點《天禄琳琅書目》卷一《宋版經部·春秋經傳集解》，上海：上海古籍出版社，二〇〇七年，第七—八頁。此本毁於清嘉慶二年乾清宫大火。

〔四〕［明］張萱等《内閣藏書目録》卷二《經部·九經總例》，民國《適園叢書》本，第一b頁。

按：此目著録者應爲元盱郡翻刻本，然可反映廖本面貌。

〔五〕張政烺《讀〈相臺書塾刊正九經三傳沿革例〉》，第三一八頁。

〔六〕中國國家圖書館又藏一部元刻本《周禮》殘卷，版式、行款、句讀、圈發等均與岳本相同，字體亦近似，但非同一刻本。卷三末有鐘形木記，但未刻字，刻工與盱郡本亦無重合，或是另一種元代翻刻廖氏本。參見張麗娟《宋代經書注疏刊刻研究》，北京：北京大學出版社，二〇一三年，第一七二頁注。

〔七〕張政烺《讀〈相臺書塾刊正九經三傳沿革例〉》，第三一六—三一七頁。

〔八〕張麗娟《宋代經書注疏刊刻研究》，第一七三—一七四頁。

〔九〕《孝經》無木記，故張政烺懷疑並非岳本。然從刻工及諸經藏印的一致性看，《孝經》確是岳本。之所以無木記，或與卷末空間不足有關。此外，民國間《舊京書影》收録大連圖書館藏《周禮》零葉，爲内閣大庫舊書。史語所清理内閣大庫殘餘檔案，得《禮記》三葉、《周禮》四葉。以上零葉雖無木記可證，是元刻岳本可能性也較大。詳參張學謙《「岳本」補考》，《中國典籍與文化》二〇一五年第三期。

〔一〇〕王重民《中國善本書提要》，上海：上海古籍出版社，一九八三年，第一六頁。

〔一一〕傅增湘《藏園群書經眼録》卷一，北京：中華書局，二〇〇九年，第七六頁。

〔一二〕［清］高宗《五經萃室記》，《御製文二集》卷一四，《景印文淵閣四庫全書》本，臺北：商務印書館，一九八六年。按：文集有注，但未署時間。武英殿翻岳本書前亦附此記，無注，末署「癸卯新正月上澣御筆」。

〔一三〕劉薔《天禄琳琅研究》第一章《清宫「天禄琳琅」藏書始末》，北京：北京大學出版社，二〇一二年，第二八—三五頁。

〔一四〕詳參張學謙《「岳本」補考》。

〔一五〕《多羅儀郡王永璇等奏繕簽處費振勳等請旨分別議敘折》，中國第一歷史檔案館編《纂修四庫全書檔案》，上海：上海古籍出版社，一九九七年，第一八六七頁。

〔一六〕五詩末均署「癸卯新正月御筆」。題詩亦見《御製詩四集》（《景印文淵閣四庫全書》本）卷九四《題五經萃室岳珂宋版五經（有序）》，諸詩並有小注。

〔一七〕岳本考證所據「殿本」指乾隆四年至十二年武英殿刻《十三經注疏》。

〔一八〕周子美《愚齋藏書簡介》，《圖書館雜志》一九八三年第三期。吴平《盛宣懷與愚齋圖書館》，黄秀文主編《傳承·服務·創新——華東師範大學圖書館學術文存》，北京：北京圖書館出版社，二〇〇七年，第三〇一—三〇三頁。

〔一九〕鄭麥《盛宣懷與愚齋圖書館》，《華東師範大學學報》（哲學社會科學版）第三十四卷第四期（二〇〇二年七月）。

目録

五經萃室記

事雖大而無關於天理人心之正者不可炫其有文而爲之記事雖小而有關於天理人心之正者不可

惆其無文而弗爲之記茲
五經萃室之記蓋有合於
後之所云者五經之有關
於天理人心夫人之所知
也而謂其事小者徒以萃

宋時岳珂所刻之五經故
曰小然而六百歲之間分
之復合散之仍聚則其事
亦不謂小而況闡發大聖
人之精微示天理正人心

斯可惘其無文而弗爲之
記耶岳珂所刻之五經奈
何蓋自乾隆甲子時薈萃
宋元明三代舊版藏之昭
仁殿名曰天禄琳琅其時

即有岳氏所刻之春秋未詳其所由來亦不過與別部春秋一例載之天祿琳瑯之書而已茲復得岳氏所刻易書詩禮記四種而

獨闕春秋因思天祿琳琅中載有其書命細檢之則岳氏之春秋故在其版之延袤分寸無不脗合而每卷之後皆有木刻亞形相

臺岳氏刻梓荆溪家塾
印大小篆隸文楷書不等
且每頁之末俱刻篇識如
易之乾坤卦書之堯舜典
之類其用心精而紀類審

即宋版之最佳者亦不多見也至於收藏家則易書詩蓋同經七八家而雖有異藏禮記者四家藏春秋者三家夫岳氏之書既亦

而合韋合則不可使復分
但天禄琳琅之書久成所
錄諸書皆以四庫分類架
貯昭仁殿其丙申以後所
獲之書别弆於浩薦園之

養性齋以待續入蕆徽出
昭仁殿之春秋以還岳氏
五經之舊仍即殿之後廡
所謂慎儉德室者分其一
楹名之曰五經萃室都置

一凡是舊者固不出昭仁殿
而新者亦弗闌入舊書中
以此位置可謂得宜吾固
思之位置一切政務亦能如
是吾得宜乎所謂得宜者

尔有合於天理人心之正而不違五經之旨乎刻書家多矣茲芸分而復合者蓋少遂命選善書者如影宋鈔之例謄録其五經正本

以壽世而公東者吾於是
悅武穆之忠而喜其有文
孫承繼家聲也又恨宗高
宗之信奸相忌復讎而自
壞其長城也又謂天之報

施善人固不爽而司馬遷怨尤之語誠不足爲信史也

癸卯新正月上澣御筆

古稀天子之寶

猶日孜孜

題宋版易經

羲文萬載稱精神日用尋
常即化鈞義漏朱家緣後
代注傳王氏以前人韋編

堅矣今何在紙牘脆哉茲

尚珍我豈善言言豈敢手

胼口沫意猶諄

癸卯新正月張筆

上經乾傳第一

王弼註

乾下乾上 乾元亨利貞初九潛龍勿用 文言備矣

乾竭然反許庚反 九二見龍在田利見大人 出潛離隱

曰見龍處於地上故曰在田德施周普居不偏雖非君位君之德也初則不彰三則

乾乾四則或躍上則過亢利見大人唯二五焉。見龍音現下見龍皆同利見如字下皆

同離力智反處昌呂反衆經不音者放此施亢見後 九三君子終日乾

乾夕惕若厲无咎 處下體之極居上體之下在不中之位履重剛之險

上不在天，未可以安其尊也。下不在田，未可以寧其居也。純脩下道，則居上之德廢；純脩上道，則處下之禮曠。故終日乾乾，至于夕惕，猶若厲也。居上不驕，在下不憂，因時而惕，不失其幾，雖危而勞，可以无咎。處下卦之極，愈於上九之亢，故竭知力而後免於咎也。乾三以處下卦之上，故免亢龍之悔；坤三以處下卦之上，故免龍戰之災。○惕，梯激反。厲，力世反。无，音無，易內皆作此字。咎，其久反，易內同。重，直龍反，下同。知，音智。

九四：或躍在淵，无咎。去下體之極，居上體之下，乾道革之時也。上不在天，下不在田，中不在人，履重剛之險，而无定位所處，斯誠進退无常之時也。近乎尊位，欲進其道；迫乎在下，非躍所及。欲靜其居，居非所安，持疑猶與，未敢決志。用心存公，進不在私，疑以爲慮，不謬

於果。故无咎也。〇躍羊灼反 上音可 九五。飛意會 猶以救反 與音預 謬靡幼反

龍在天。利見大人。不行不躍而在乎天，非飛如何。故曰飛龍也。龍德在天，則大人之路亨也。夫位以德興，德以位敘，以至德而處盛位，萬物之覩，不亦宜乎。〇夫音符。下皆同

上九。亢龍有悔。用九。見羣龍无首，吉。九，天之德也。能用天德，乃見羣龍之義焉。夫以剛健而居人之首，則物之所不與也。以柔順而為不正，則佞邪之道也。故乾吉在无首，坤利在永貞。〇亢苦浪反

彖曰：大哉乾元，萬物資始，乃統天。雲行雨施，品物流形。大明終始，六位時成，時乘六龍以御天。乾

道變化。各正性命。天也者。形之名也。健也者。用形者也。夫形也者。物之累也。有天之形。而能永保无虧。爲物之首。統之者。豈非至健哉。大明乎終始之道。故六位不失其時而成。升降无常。隨時而用。處則乘潛龍。出則乘飛龍。故曰時乘六龍也。乘變化而御大器。靜專動直。不失大和。豈非正性命之情者邪。○彖吐亂反。斷也。施始豉反。卦內皆同。累劣僞反。保合大和。乃利貞。不和而剛暴。首出庶物。萬國咸寧。萬國所以寧。各以有君也。象曰。天行健。君子以自强不息。潛龍勿用。陽在下也。見龍在田。德施普也。終日乾乾。反復道也。以上言之則不驕。以下言之則不憂反復皆道也○復芳服反或躍在淵進无咎也飛龍在天大人造也亢龍有悔盈不可久也用九天德不可爲首也○文言曰元者善之長也亨者嘉之會也利者義之和也貞者事之幹也君子體仁足以長人嘉會足以合禮利物足以和義貞固足以幹事君子行此四德者故曰乾元亨利貞初九曰潛龍勿用何謂也子曰龍德而隱者也不易乎世不爲世俗所移易也○造鄭徂

早反。王肅七到反（長）張丈反（幹）古旦反不成乎名。遯世无悶，不見是而无悶。樂則行之，憂則違之，確乎其不可拔，潛龍也。」九二曰：「見龍在田，利見大人。」何謂也？子曰：「龍德而正中者也。庸言之信，庸行之謹，閑邪存其誠，善世而不伐，德博而化。」易曰：「見龍在田，利見大人。」君德也。九三曰：「君子終日乾乾，夕惕若厲，无咎。」何謂也？子曰：「君子進德脩業。忠信，所以進德也。脩辭立其誠，所以居業也。知至至之可與幾也。知終終之可與存義也。處一體之極，是至也。居一卦之盡，是終也。處事之至而不犯咎，知至者也。故可與成務矣。處終而能全其終，知終者也。夫進物之速者，義不若利；存物之終者，利不及義。故靡不有初，鮮克有終。夫可與存義者，其唯知終者乎。○遯，徒頓反。悶，門遜反。樂，音洛。確，苦學反。拔，蒲八反。庸行，下孟反。幾，既依反，注同。是故居上位而不驕，在下位而不憂。居下體之上，在上體之下，明夫終敝，故不驕也。知夫至至，故不憂也。故乾乾因其時而惕，雖危无咎矣。惕，怵惕之謂也。處事之極，失時則廢，懈怠則曠，故因其時而惕，雖危无咎。○怵，敕律反。懈佳賣反九四曰或躍在淵无咎何謂也子曰上下无常非爲邪也進退无恒非離羣也君子進德脩業欲及時也故无咎九五曰飛龍在天利見大人何謂也子曰同聲相應同氣相求水流濕火就燥雲從龍風從虎聖人作而萬物覩本乎天者親上本乎地者親下則各從其類也上九曰亢龍有悔何謂也子曰貴而无位高而无民下无陰也賢人在下位而无輔

賢人雖在下而當位。不爲之助。○當，都浪反。易內皆同。**是以動而有悔也**。處上卦之極而不當位，故盡陳其闕也。獨立而動，物莫之與矣。乾文言首不論乾而先說元，下乃曰乾，何也？夫乾者，統行四事者也。君子以自強不息，行此四者，故首不論乾。而下曰乾元亨利貞。餘爻皆說龍，至於九三獨以君子爲目，何也？夫易者，象也。象之所生，生於義也。有斯義，然後明之以其物，故以龍敘乾，以馬明坤，隨其事義而取象焉。是故初九、九二，龍德皆應其義，故可論龍以明之也。至於九三，乾乾夕惕，非龍德也，明以君子當其象矣。統而舉之，乾體皆龍；別而敘之，各隨其義。**潛龍勿用，下也。見龍在田，時舍也。終日乾乾，行事也。或躍在淵**，自試也。飛龍在天，上治也。亢龍有悔，窮之災也。乾元用九，天下治也。此一章全以人事明之也。九，陽也。陽，剛直之物也。夫能全用剛直，放遠善柔，非天下至理，未之能也。故乾元用九，則天下治也。夫識物之動，則其所以然之理皆可知也。龍之爲德，不爲妄者也。潛而勿用，何乎？必窮處於下也。見而在田，必以時之通舍也。以爻爲人，以位爲時，人不妄動，則時皆可知也。文王明夷，則主可知矣；仲尼旅人，則國可知矣。○遠，去聲。潛龍勿用，陽氣潛藏。見龍在田，天下文明。終日乾乾，與時偕行。與天時俱不息。或躍在淵，乾道乃革。飛龍在天，乃位乎天德亢龍有悔與時偕極與時運俱終極乾元用九乃見天則此一章全說天氣以明之也九剛直之物唯乾體能用之用純剛以觀天天則可見矣乾元者始而亨者也利貞者性情也不爲乾元何能通物之始不性其情何能久行其正是故始而亨者必乾元也利而正者必性情也乾始能以美利利天下不言所利大矣哉大哉乾乎剛健中正純粹精也六爻發揮旁通情也時乘六龍以御天也雲行雨施天下平也君子以成德爲行日可見之行也

潛之爲言也隱而未見行而未成是以君子弗用也君子學以聚之問以辯之以君德而處下體資納於物者也○粹雖遂反。爲行下孟反下之行行而皆同。未見賢遍反辯如字寬以居之仁以行之易曰見龍在田利見大人君德也九三重剛而不中上不在天下不在田故乾乾因其時而惕雖危无咎矣九四重剛而不中上不在天下不在田中不在人故或之或之者疑之也故无咎夫大人者與天地合其德與日月合其明與四時合其序與鬼神合其吉凶先天而天弗違後天而奉天時天且弗違而況於人乎況於鬼神乎亢之爲言也知進而不知退知存而不知亡知得而不知喪其唯聖人乎知進退存亡而不失其正者其唯聖人乎

（重）剛直龍反下同（夫）音符發端之字皆放此（先）悉薦反（後）胡豆反（喪）息浪反

坤下坤上 坤元亨利牝馬之貞 坤貞之所利利於牝馬也

馬。在下而行者也。而又牝焉。順之至也。至順而後乃亨。故唯利於牝馬之貞。○坤 困魂反 牝 頻忍反 君子有攸往。先迷後得主。利西南得朋。東北喪朋。安貞吉。西南致養之地。與坤同道者也。故曰得朋。東北反西南者也。故曰喪朋。陰之爲物。必離其黨。之於反類。而後獲安貞吉。○攸 音由 喪 息浪反。下並同 離 力智反 彖曰。至哉坤元。萬物資生。乃順承天。坤厚載物。德合无疆。含弘光大。品物咸亨。牝馬地類。行地无疆。地之所以得无疆者。以卑順行之故也。乾以龍御天。坤以馬行地。○疆 居良反 柔順利貞。君子攸行。先迷失道。

坤

後順得常。西南得朋。乃與類行。東北喪朋。乃終有慶。安貞之吉。應地无疆。地也者。形之名也。坤也者。用地者也。夫兩雄必爭。二主必危。有地之形。與剛健爲耦。而能永保无疆。用之者不亦至順乎。若夫行之不以牝馬。利之不以永貞。方而又剛。柔而又圓。求安難矣。象曰。地勢坤。地形不順。其勢順。君子以厚德載物。初六。履霜堅冰至。始於履霜。至于堅冰。所謂至柔而動也剛。陰之爲道。本於卑弱而後積著者也。故取履霜以明其始。陽之爲物。非基於始以至於著者也。故以出處明之。則以初爲潛。○著張慮反象曰。履霜堅冰。陰始凝也。馴致其道。至堅冰也。六二，直方大，不習无不利。居中得正，極於地質，任其自然而物自生，不假脩營而功自成，故不習焉而无不利。○凝，魚冰反。馴，似遵反。象曰：六二之動，直以方也。動而直方，任其質也。不習无不利，地道光也。六三，含章可貞，或從王事，无成有終。三處下卦之極，而不疑於陽，應斯義者也。不為事始，須唱乃應，待命乃發，含美而可正者也，故曰含章可貞也。有事則從，不敢為首，故曰或從王事也。不為事主，順命而終，故曰无成有終也。象曰：含章可貞，以時發也。或從王事，知光大也。知慮光大，故不擅其美。○知，音智，注同。六四，括囊无咎无譽處陰之卦。以陰居陰。履非中位。无直方之質。不造陽事。无含章之美。括結否閉。賢人乃隱。施慎則可。非泰之道。○括古活反。囊乃剛反。譽音餘。又音預。造七到反。否皮鄙反。**象曰。括囊无咎。慎不害也。六五。黃裳元吉。**黃。中之色也。裳。下之飾也。坤爲臣道。美盡於下。夫體无剛健。而能極物之情。通理者也。以柔順之德。處於盛位。任夫文理者也。垂黃裳以獲元吉。非用武者也。極陰之盛。不至疑陽。以文在中。美之至也。**象曰。黃裳元吉。文在中也。**用黃裳而獲元吉。以文在中也。**上六。龍戰于野。其血玄黃。**陰之爲道。卑順不盈。乃全其美。盛而不已。固陽之地。陽所不堪。故戰于野。**象曰。龍戰**

于野。其道窮也。用六。利永貞。用六之利。利永貞也。象曰。用六永貞。以大終也。能以永貞。大終者也。文言曰。坤至柔而動也剛。至靜而德方。動之方正。不爲邪也。柔而又圓。消之道也。其德至靜。德必方也。後得主而有常。含萬物而化光。坤道其順乎。承天而時行。積善之家。必有餘慶。積不善之家。必有餘殃。臣弒其君。子弒其父。非一朝一夕之故。其所由來者漸矣。由辯之不早辯也。易曰。履霜堅冰至。蓋言順也。直其正也。方其義也。君子敬以直內。義以方外。敬義立而德不孤。直方大。不習无不利。則不疑其所行也。陰雖有美。含之以從王事。弗敢成也。地道也。妻道也。臣道也。地道无成。而代有終也。天地變化。草木蕃。天地閉。賢人隱。易曰括囊无咎无譽。蓋言謹也。君子黃中通理。正位居體。美在其中。而暢於四支。發於事業。美之至也。陰疑於陽必戰。辯之不早。疑盛乃動。故必戰。○殃於

良反○弑式志反○蕃伐袁反○暢敕亮反**爲其嫌於无陽也。**爲其嫌於非陽

而戰。○爲于僞反○嫌戶謙反**故稱龍焉。猶未離其類也。**猶未

失其陰類。爲陽所滅。○離力智反**故稱血焉。**猶與陽戰而相傷。故稱血**夫**

玄黃者。天地之雜也。天玄而地黃。

䷂ 震下坎上**屯。元亨。利貞。**剛柔始交。是以屯也。不交則否。故屯乃大

亨也。大亨則无險。故利貞。○屯張倫反○否備鄙反**勿用有攸往。**往益屯也

利建侯。得主則定。○則定。本亦作則寧**彖曰。屯。剛柔始交而**

難生。動乎險中。大亨貞。始於險難。至於大亨而後全正。故曰屯元

屯

亨利貞。難乃旦反，卦內同。**雷雨之動滿盈**雷雨之動，乃得滿盈，皆剛柔始交之所爲。**天造草昧，宜建侯而不寧**屯體不寧，故利建侯也。屯者，天地造始之時也。造物之始，始於冥昧，故曰草昧也。處造始之時，所宜之善，莫善建侯也。○造，徂早反。昧，音妹。**象曰：雲雷屯，君子以經綸。**君子經綸之時。**初九：磐桓，利居貞，利建侯。**處屯之初，動則難生，不可以進，故磐桓也。處此時也，其利安在？不唯居貞建侯乎？夫息亂以靜，守靜以侯，安民在正，弘正在謙。屯難之世，陰求於陽，弱求於強，民思其主之時也。初處其首而又下焉，爻備斯義，宜其得民也。○磐，步干反。**象曰：雖磐桓，志行正也。**不可以進，

故磐桓也。非爲宴安棄成務也。故雖磐桓。志行正也。**以貴下賤。大得民也。**○陽貴而陰賤也

六二。屯如邅如。乘馬班如。○下遐嫁反

匪寇婚媾。女子貞不字。十年乃字。志在乎五。不從於初。屯難之時。正道未行。與初相近而不相得。困於侵害。故屯邅也。時方屯難。正道未通。涉遠而行。難可以進。故曰乘馬班如也。寇謂初也。无初之難。則與五婚矣。故曰匪寇婚媾也。志在於五。不從於初。故曰女子貞不字也。屯難之世。勢不過十年者也。十年則反常。反常則本志斯獲矣。故曰十年乃字。○邅張連反。乘繩證反。又音繩。媾古后反

象曰。六二之難。乘剛也。十年乃字。反常也。六三。即鹿

无虞惟入于林中君子幾不如舍往吝三既近五。而无寇難。四雖比五。其志在初。不妨己路可以進而无屯邅也。見路之易。不揆其志。五應在二。往必不納。何異无虞以從禽乎。雖見其禽而无其虞。徒入于林中。其可獲乎。幾。辭也。夫君子之動。豈取恨辱哉。故不如舍往吝窮也。○幾音祈。又音機。舍式夜反。止也。徐音捨。吝力刃反。比皮志反。下皆同。易以豉反。

象曰。即鹿无虞。以從禽也。君子舍之。往吝窮也。六四。乘馬班如。求婚媾。往吉无不利。二雖比初。執貞不從。不害己志者也。求與合好。往必見納矣。故曰往吉无不利。○好呼報反。下同。

象曰。求而往。明也。見彼之情

狀也。九五。屯其膏。小貞吉。大貞凶。處屯難之時。居尊位之上。不能恢弘博施。无物不與。拯濟微滯。亨于羣小。而繫應在二。屯難其膏。非能光其施者也。固志同好。不容他閒。小貞之吉。大貞之凶。○施式豉反。下文同。象曰。屯其膏。施未光也。上六。乘馬班如。泣血漣如。處險難之極。下无應援。進无所適。雖比於五。五屯其膏。不與相得。居不獲安。行无所適。窮困闉厄。无所委仰。故泣血漣如。○漣音連。象曰。泣血漣如。何可長也。○長直良反。

䷃ 坎下艮上

蒙。亨。匪我求童蒙。童蒙求我。初筮

告再三瀆瀆則不告筮者決疑之物也童蒙之來求我欲決所惑也決之不一不知所從則復惑也故初筮則告再三則瀆瀆蒙也能爲初筮其唯二乎以剛處中能斷夫疑者也〇筮市制反告古毒反三息暫反又如字瀆音獨利貞蒙之所利乃利正也夫明莫若聖昧莫若蒙蒙以養正乃聖功也然則養正以明失其道矣

彖曰蒙山下有險險而止蒙退則困險進則閡山不知所適蒙之義也〇閡五代反蒙亨以亨行時中也時之所願唯願亨也以亨行之得時中也〇中張仲反注同又如字匪我求童蒙童蒙求我志應也我謂非童蒙者也非童蒙者即陽也凡不識者求問識者識者不求

所告。闇者求明，明者不諮於闇，故蒙之爲義，匪我求童蒙，童蒙求我也。童蒙之來求我，志應故也。**初筮告，以剛中也。**謂二也。二爲衆陰之主也。无剛決中，何由得初筮之告乎？**再三瀆，瀆則不告，瀆蒙也。蒙以養正，聖功也。象曰：山下出泉，蒙，**山下出泉，未知所適，蒙之象也。**君子以果行育德。**果行者，初筮之義。育德者，養正之功。○行，下孟反，下並同。**初六：發蒙，利用刑人，用說桎梏，以往吝。**處蒙之初，二照其上，故蒙發也。蒙發疑明，刑說當也。以往吝，刑不可長。○說，吐活反，又音稅。桎，音質。梏，古毒反。在足曰桎，在手曰梏。**象曰：利用刑人，以正法也。**刑人

之道。道所惡也。以正法制。**九二。包蒙吉。納婦**

故刑人也。○惡烏路反

吉。子克家

以剛居中。童蒙所歸。包而不距。則遠近咸至。故曰包蒙吉也。婦者配已而成德者也。體陽而能包蒙。以剛而能居中。以此納配。物莫不應。故納婦吉也。處于卦內。以剛接柔。親而得中。能幹其任。施之於子。克家之義

象曰。子克家。剛柔接也。六三。勿用取女。見金夫。不有躬。无攸利

童蒙之時。陰求於陽。晦求於明。各求發其昧者也。六三在下卦之上。上九在上卦之上。男女之義也。上不求三而三求上。女先求男者也。女之爲體。正行以待命者也。見剛夫而求之。故曰不有躬也。施之於女。行在不順。故勿用取女而无攸利。○取七住反。下同

象曰勿用取女行不順也六四困蒙吝獨遠於陽處兩陰之中闇莫之發故曰困蒙也困於蒙昧不能比賢以發其志亦以鄙矣故曰吝也○遠于萬反下同象曰困蒙之吝獨遠實也陽稱實也六五童蒙吉以夫陰質居於尊位不自任察而委於二付物以能不勞聰明功斯克矣故曰童蒙吉象曰童蒙之吉順以巽也委物以能不先不爲順以巽也○巽音遜上九擊蒙不利爲寇利禦寇處蒙之終以剛居上能擊去童蒙以發其昧者也故曰擊蒙也童蒙願發而已能擊去之合上下之願故莫不順也爲之扞禦則物咸附之若欲取之則物咸叛矣故不利爲寇利禦寇

也。擊經歷反。去起呂反象曰利用禦寇上下順也

䷄乾下坎上需有孚光亨貞吉利涉大川彖曰需須也險在前也剛健而不陷其義不困窮矣需有孚光亨貞吉位乎天位以正中也謂五也位乎天位用其中正以此待物需道畢矣故光亨貞吉。需音須孚音敷利涉大川往有功也乾德獲進往輒亨也象曰雲上於天需君子以飲食宴樂童蒙已發盛德光亨飲食宴樂其在茲乎。上時掌反宴烏練反樂音洛初九需于郊利用恆无咎居需之時最遠

於難。能抑其進。以遠險待時。雖不應幾。可以保常也。○遠于萬反。下同。難乃旦反。下文同

象曰需于郊。不犯難行也。利用恒无咎。未失常也。九二需于沙。小有言。終吉。轉近於難。故曰需于沙也。不至致寇。故曰小有言也。近不逼難。遠不後時。履健居中。以待其會。雖小有言。以吉終也。○後胡豆反

象曰需于沙。衍在中也。雖小有言。以吉終也。九三需于泥。致寇至。以剛逼難。欲進其道。所以招寇而致敵也。猶有須焉。不陷其剛。寇之來也。自我所招。敬慎防備。可以不敗。○衍以善反

象曰需于泥。災在外也。自我致寇。敬慎不敗。

武英殿仿宋本

也。六四。需于血。出自穴。凡稱血者。陰陽相傷者也。陰陽相近而不相得。陽欲進而陰塞之。則相害也。穴者陰之路也。處坎之始。居穴者也。九三剛進。四不能距。見侵則辟。順以聽命者也。故曰需于血。出自穴也。○辟音避。下同 象曰。需于血。順以聽也。九五。需于酒食。貞吉。需之所須。以待達也。已得天位。暢其中正。无所復須。故酒食而已。獲貞吉也。○已音紀。又音已 象曰。酒食貞吉。以中正也。上六。入于穴。有不速之客三人來。敬之終吉。六四所以出自穴者。以不與三相得而塞其路。不辟則害。故不得不出自穴而辟之也。至於上六。處卦之終。非塞路者也。與三爲應。三來之已。

乃爲已援，故无畏害之辟，而乃有入穴之固也。三陽所以不敢進者，須難之終也。難終則至，不待召也。已居難終，故自來也。處无位之地，以一陰而爲三陽之主，故必敬之而後終吉。

象曰：不速之客來，敬之終吉。雖不當位，未大失也。處无位之地，不當位者也。敬之則得終吉，故雖不當位，未大失也。

䷅ 坎下乾上

訟：有孚，窒惕，中吉。窒謂窒塞也。能惕，然後可以獲中吉。○訟，才用反。窒，張栗反。惕，湯歷反。終凶。利見大人，不利涉大川。

彖曰：訟，上剛下險，險而健，訟。訟有孚窒惕中吉，剛來而得中也。終凶，訟不可成也。利

訟

見大人尚中正也。不利涉大川入于淵也。凡不和而訟，无施而可，涉難特甚焉。唯有信而見塞懼者，乃可以得吉也。猶復不可終，中乃吉也。不閑其源，使訟不至，雖每不枉而訟至終竟，此亦凶矣。故雖復有信而見塞懼，猶不可以爲終也。故曰訟有孚窒惕中吉終凶也。无善聽者，雖有其實，何由得明？而令有信塞懼者得其中吉，必有善聽之主焉，其在二乎？以剛而來正夫羣小，斷不失中，應斯任也。○難，乃旦反。復，扶又反。令，力呈反。斷，丁亂反。

象曰：天與水違行，訟。君子以作事謀始。聽訟吾猶人也，必也使无訟乎。无訟在於謀始，謀始在於作制。契之不明，訟之所以生也。物有其分，職不相濫，爭何由興？訟之所以起，契之過也。故有德司契而不責於人初六不永所事小有○契苦計反分符問反言終吉處訟之始訟不可終故不永所事然後乃吉凡陽唱而陰和陰非先唱者也四召而應見犯乃訟處訟之始不爲訟先雖不能不訟而了訟必辯明也象曰不永所事訟不可長也雖小有言其辯明也

九二不克訟歸而逋其邑人三百戶无眚以剛處訟不能下物自下訟上宜其不克若能以懼歸竄其邑乃可以免災邑過三百非爲竄也竄而據強災未免也○逋補吳反眚生領反竄七亂反象曰不克訟歸逋竄也自下訟上患至掇也

六三食舊德貞

厲終吉。或從王事无成體夫柔弱以順於上。不爲九二自下訟上。不見侵奪。保全其有。故得食其舊德而不失也。居爭訟之時。處兩剛之閒。而皆近不相得。故曰貞厲。柔體不爭。繫應在上。衆莫能傾。故曰終吉。上壯爭勝。難可忤也。故或從王事。不敢成也。○掇徐都活反

象曰食舊德從上吉也。九四。不克訟初辯明也復即命渝安貞吉處上訟下。可以改變者也。故其咎不大。若能反從本理。變前之命。安貞不犯。不失其道。爲仁由己。故吉從之。○渝以朱反

象曰復即命渝安貞不失也。九五。訟元吉處得尊位。爲訟之主。用其中正以斷枉直。中則不過。正則不邪。剛无所溺。公无所偏。故訟元吉

象曰訟元吉以中正也上九或錫之鞶帶終朝三褫之處訟之極以剛居上訟而得勝者也以訟受錫榮何可保故終朝之間褫帶者三也○錫星歷反鞶步干反三息暫反或如字褫敕紙反象曰以訟受服亦不足敬也

䷆ 坎下坤上 師貞丈人吉无咎丈人嚴莊之稱也爲師之正丈人乃吉也興役動衆无功罪也故吉乃无咎也○稱尺證反彖曰師衆也貞正也能以衆正可以王矣剛中而應行險而順以此毒天下而民從之吉又何咎矣毒猶

役也。王如字。又往況反。毒徒篤反。象曰：地中有水，師。君子以容民畜衆。初六：師出以律，否臧凶。爲師之始，齊師者也。齊衆以律。失律則散。故師出以律。律不可失。失律而臧，何異於否。失令有功，法所不赦。故師出不以律，否臧皆凶。○畜，敕六反。王許六反。否，音鄙。馬方有反。臧，作郎反。象曰：師出以律，失律凶也。九二：在師中吉，无咎，王三錫命。以剛居中而應於上。在師而得其中者也。承上之寵，爲師之主。任大役重，无功則凶。故吉乃无咎也。行師得吉，莫善懷邦。邦懷衆服，錫莫重焉。故乃得成命。象曰：在師中吉，承天寵也。王三錫命，懷萬邦也。

師

六三師或輿尸凶以陰處陽以柔乘剛進則无應退无所守以此用師宜獲輿尸之凶象曰師或輿尸大无功也六四師左次无咎得位而无應无應不可以行得位則可以處故左次之而无咎也行師之法欲右背高故左次之象曰左次无咎未失常也雖不能有獲足以不失其常也六五田有禽利執言无咎長子帥師弟子輿尸貞凶處師之時柔得尊位陰不先唱柔不犯物犯而後應往必得直故田有禽也物先犯已故可以執言而无咎也柔非軍帥陰非剛武故不躬行必以授也授不得主則衆不從故長子帥師可也弟子之凶固其宜也○長上聲下同帥

音莘。又色類反象曰長子帥師以中行也弟子輿尸。使不當也上六大君有命開國承家小人勿用疏師之極。師之終也。大君之命。不失功也。開國承家。以寧邦也。小人勿用。非其道也。象曰大君有命以正功也小人勿用必亂邦也

䷇坤下坎上比吉原筮元永貞无咎不寧方來後夫凶彖曰比吉也比輔也下順從也原筮元永貞无咎以剛中也疏比之時。將原筮以求无咎。其唯元永貞

乎。夫羣黨相比。而不以元永貞。則凶邪之道也。若不遇其主。則雖永貞而猶未足免於咎也。使永貞而无咎者。其唯九五乎。比毗志反

不寧方來。上下應也。上下无陽以分其民。五獨處尊。莫不歸之。上下應之。既親且安。安則不安者託焉。故不寧方所以來。上下應故也。夫无者求有。有者不求所與。危者求安。安者不求所保。火有其炎。寒者附之。故已苟安焉。則不寧之方皆來矣

後夫凶。其道窮也。將合和親而獨在後。親成則誅。是以凶也。

象曰。地上有水。比。先王以建萬國。親諸侯。萬國以比建。諸侯以比親。

初六。有孚比之。无咎。有孚盈缶。終來有它吉。處比之始。爲比之首者也。夫以

不信爲比之首。則禍莫大焉。故必有孚盈缶。然後乃得免比之咎。故曰有孚比之无咎也。處比之首。應不在一。心无私吝。則莫不比之。著信立誠。盈溢乎質素之器。則物終來无衰竭也。親乎天下。著信盈缶。應者豈一道而來。故必有它吉也。○缶方有反 它敕多反 象曰比之初六有它吉也。六二比之自內貞吉。處比之時。居中得位。而繫應在五。不能來它。故得其自內貞吉而已 象曰比之自內不自失也。六三比之匪人。四自外比。二爲五貞。近不相得。遠則无應。所與比者皆非已親。故曰比之匪人 象曰比之匪人不亦傷乎。六四外比之貞吉。外比於五。履得其位。比不失賢。處不失位。故貞吉也。**象曰：外比於賢，以從上也。九五：顯比，王用三驅，失前禽，邑人不誡，吉。**爲比之主，而有應在二，顯比者也。比而顯之，則所親者狹矣。夫无私於物，唯賢是與，則去之與來，皆无失也。夫三驅之禮，禽逆來趣己則舍之，背己而走則射之，愛於來而惡於去也。故其所施常失前禽也。以顯比而居王位，用三驅之道者也，故曰王用三驅失前禽也。用其中正，征討有常，伐不加邑，動必討叛，邑人无虞，故不誡也。雖不得乎大人之吉，是顯比之吉也。此可以爲上之使，非爲上之道。○射，食亦反。惡，烏路反。**象曰：顯比之吉，位正中也。舍逆取順，失前禽也。邑人不誡，上使中也。**

上六。比之无首。凶。无首。後也。處卦之終。是後夫也。親道已成。无所與終。爲時所棄。宜其凶也。○舍音捨象曰。比之无首。无所終也。

☴☰乾下巽上小畜亨。不能畜大止健。剛志故行。是以亨。○畜敕六反密雲不雨。自我西郊。彖曰。小畜柔得位而上下應之曰小畜。謂六四也。成卦之義。在此爻也。體无二陰以分其應。故上下應之也。既得其位而上下應之。三不能陵。小畜之義。健而巽。剛中而志行乃亨。密雲不雨。尚往也。自我西郊。施未行也。小畜之勢。足作密雲。乃自我西郊。未足以爲雨也。何由知未能爲雨。夫能爲雨者。陽上薄陰。陰能固之。然後烝而爲雨。今不能制初九之復自道。固九二之牽復。九三更以不能復爲劣也。下方尚往。施豈得行。故密雲而不能爲雨。尚往故也。何以明之。夫陰能固之然後乃雨。今上九獨能固九三之路。故九三不可以進。而輿說輻也。能固其路而安於上。故得既雨既處。若四五皆能若上九之善畜。則能雨明矣。故舉一卦而論之。能爲小畜。密雲而已。陰苟不足以固陽。則雖復至盛密雲。自我西郊。故不能雨也。雨之未下。即施之未行也。彖全論一卦之體。故曰密雲不雨。象各言一爻之德。故曰既雨既處也。○施始豉反 說吐活反

象曰。風行天上。小畜。君子以懿文德未能行其施者。故可以懿文德而已

初九。復自道。何其咎。吉處乾之始。

以升巽初。四爲已應。不距已者也。以陽升陰。復自其道。順而无違。何所犯咎。得義之吉

象曰。復自道。其義吉也。九二。牽復。吉處乾之中。以升巽五。五非畜極。非固已者也。雖不能若陰之不違。可牽以獲復。是以吉也象曰。牽復在中。亦不自失也。九三。輿說輻。夫妻反目上爲畜盛。不可牽征。以斯而進。故必說輻也。已爲陽極。上爲陰長。畜於陰長。不能自復。方之夫妻。反目之義也○輿音餘。輻音福

象曰。夫妻反目。不能正室也。六四。有孚。血去惕出。无咎夫言血者。陽犯陰也。四乘於三。近不相得。三務於進。而已隔之。將懼侵克者也。上亦惡三。而能制焉。志與上合。共同

斯誠。三雖逼已而不能犯。故得血去懼除。保无咎也。○去起呂反　惡烏路反

象曰。有孚惕出上合志也。九五。有孚攣如。富以其鄰。

處得尊位。不疑於二。來而不距。二牽已攣。不為專固。有孚攣如之謂也。以陽居陽。處實者也。居盛處實。而不專固。富以其鄰者也。○攣力專反。徐力轉反

象曰。有孚攣如。不獨富也。上九。既雨既處。尚德載。婦貞厲。月幾望。君子征凶。

處小畜之極。能畜者也。陽不獲亨。故既雨也。剛不能侵。故既處也。體巽處上。剛不敢犯。尚德者也。為陰之長。能畜剛健。德積載者也。婦制其夫。臣制其君。雖貞近危。故曰婦貞厲也。陰之盈盛。莫盛於此。故曰月幾望也。滿而又進。

必失其道。陰疑於陽。必見戰伐。雖復君子。以征必凶。故曰。君子征凶。○(幾)徐音祈。又音機

象曰。既雨既處。德積載也。君子征凶。有所疑也。

夫處下可以征而无咎者。唯泰也則然。坤本體下。又順而弱。不能敵剛。故可以全其類。征而吉也。自此以往。則其進各有難矣。夫巽雖不能若艮之善畜。猶不肯爲坤之順從也。故可得少進。不可盡陵也。是以初九九二。其復則可。至於九三。則輿說輻也。夫大畜者。畜之極者也。畜而不已。畜極則通。是以其畜之盛。在於四五。至于上九。道乃大行。小畜積極而後乃能畜。是以四五可以進。而上九說征之輻

䷉ 兌下乾上 **履虎尾。不咥人。亨。彖曰。履。柔履剛**

也。說而應乎乾。是以履虎尾。不咥人。亨。凡彖者。言乎一卦之所以爲主也。成卦之體。在六三也。履虎尾者。言其危也。三爲履主。以柔履剛。履危者也。履虎尾而不見咥者。以其說而應乎乾也。乾。剛正之德者也。不以說行夫佞邪。而以說應乎乾。宜其履虎尾不見咥而亨。○咥音迭。說音悅。剛中正。履帝位。而不疚。光明也。言五之德。○疚音究。象曰。上天下澤。履。君子以辯上下。定民志。初九。素履往。无咎。處履之初。爲履之始。履道惡華。故素乃无咎。處履以素。何往不從。必獨行其願。物无犯也。象曰。素履之往。獨行願也。九二。履道坦坦。幽人

貞吉履道尚謙不憙處盈務在致誠惡夫外飾者也而二以陽處陰履於謙也居內履中隱顯同也履道之美於斯爲盛故履道坦坦无險厄也在幽而貞宜其吉也○坦吐但反**象曰幽人貞吉中不自亂也六三眇能視跛能履履虎尾咥人凶武人爲于大君**居履之時以陽處陽猶曰不謙而況以陰居陽以柔乘剛者乎故以此爲明眇目者也以此爲行跛足者也以此履危見咥者也志在剛健不脩所履欲以陵武於人爲于大君行未能免於凶而志存于五頑之甚也○眇音渺跛波我反**象曰眇能視不足以有明也跛能履不足以與行也咥人之凶位**

不當也。武人爲于大君。志剛也。九四履虎尾。愬愬終吉逼近至尊。以陽承陽。處多懼之地。故曰履虎尾愬愬也。然以陽居陰。以謙爲本。雖處危懼。終獲其志。故終吉也。○愬山革反象曰。愬愬終吉。志行也。九五。夬履貞厲得位處尊。以剛決正。故曰夬履貞厲也。履道惡盈而五處尊。是以危。○夬古快反象曰。夬履貞厲。位正當也。上九。視履考祥。其旋元吉禍福之祥。生乎所履。處履之極。履道成矣。故可視履而考祥也。居極應說。高而不危。是其旋也。履道大成。故元吉也。象曰。元吉在上。大有慶也

周易卷第一

履

內閣中書臣費振勳敬書

周易卷一考證

彖象註无剛決中○汲古閣註疏本兼義本葛鼎永懷堂本決俱作失謹案唐陸德明音義云時中決中同知唐時原係決字又案子夏易傳云初志乎決剛中求辨于理更爲決字明證原本參訂晉唐間銅版石刻諸書故傳訛絶少

訟卦註皆惕然後可以獲中吉○謹案皆惕　武英殿註疏本及他本俱作能惕孔穎達疏謂訟不可妄興被物止塞而能惕懼此解註能惕二字也宋朱震漢上易傳亦謂能惕懼處柔義與王合今據改

小畜彖註夫陰能固之然後乃雨乎上九獨能固九三之路○案乎字原本屬上句閣本兼義本改今字屬下句

履六三註志存于王頑之甚也○宋毛居正曰建安余氏本王作五紹興注疏本興國軍本皆誤作王案正義云以六三之微欲行九五之志是解注志存于五也且彖辭履帝位而不疚註云言五之德此爲五字無疑

履九四註以陽乘陽處多懼之地○乘字當依武英殿本改作承謹案王氏畧例云辨逆順者存乎承乘

蓋處下爻之上謂之乘繼上爻而言謂之承註以九四逼近九五有相繼之義故曰承子夏易傳云守卑以承于上王昭素云上承夬履之主皆此承字義也

履九五註履道惡盈而五處實○處實諸本皆作處尊案上註既曰得位處尊孔疏解本句又云五以陽處尊宋劉牧云剛而居尊故嚴俱尊字確據

周易上經泰傳第二

王弼註

䷊乾下坤上泰小往大來吉亨彖曰泰小往大來吉亨則是天地交而萬物通也上下交而其志同也內陽而外陰內健而外順內君子而外小人君子道長小人道消也象曰天地交泰后以財成天地之道輔相天地之宜以左右民泰者物大通之時也上下大通則物失其節故財成而輔相以左右民也

○長丁丈反相息亮反左音佐右音佑助也初九拔茅茹以其彙。征吉茅之爲物拔其根而相牽引者也茹相牽引之貌也三陽同志俱志在外初爲類首己舉則從若茅茹也上順而應不爲違距進皆得志故以其類征吉。○拔蒲八反茹汝據反彙音謂象曰拔茅征吉志在外也九二包荒用馮河不遐遺朋亡得尚于中行體健居中而用乎泰能包含荒穢受納馮河者也用心弘大无所遐棄故曰不遐遺也无私无偏存乎光大故曰朋亡也如此乃可以得尚于中行尚猶配也中行謂五象曰包荒得尚于中行以光大也九三无平不陂无往不復。

艱貞。无咎。勿恤其孚。于食有福乾本上也。坤本下也。而得泰者。降與升也。而三處天地之際。將復其所處。復其所處。則上守其尊。下守其卑。是故。无往而不復也。无平而不陂也。處天地之將閉。平路之將陂。時將大變。世將大革。而居不失其正。動不失其應。艱而能貞。不失其義。故无咎也。信義誠著。故不恤其孚而自明也。故曰勿恤其孚。于食有福也。○陂彼僞反**象曰。无往不復。天地際也。**天地將各分復之際

六四。翩翩。不富以其鄰。不戒以孚。乾樂上復。坤樂下復。四處坤首。不固所居。見命則退。故曰翩翩也。坤爻皆樂下。已退則從。故不待富而用其鄰也。莫不與已同其志願。故不待戒而自孚也**象曰。翩翩**

不富皆失實也不戒以孚中心願也六五帝乙歸妹以祉元吉婦人謂嫁曰歸泰者陰陽交通之時也女處尊位履中居順降身應二感以相與用中行願不失其禮帝乙歸妹誠合斯義履順居中行願以祉盡夫陰陽交配之宜故元吉也○祉音恥又音止象曰以祉元吉中以行願也上六城復于隍勿用師自邑告命貞吝居泰上極各反所應泰道將滅上下不交卑不上承尊不下施是故城復于隍卑道崩也勿用師不煩攻也自邑告命貞吝否道已成命不行也○隍音皇施始豉反否備鄙反象曰城復于隍其命亂也

泰

䷋ 坤下乾上 否之匪人不利君子貞大往小來

彖曰否之匪人不利君子貞大往小來則是天地不交而萬物不通也上下不交而天下无邦也內陰而外陽內柔而外剛內小人而外君子小人道長君子道消也象曰天地不交否君子以儉德辟難不可榮以祿初六拔茅茹以其彙貞吉亨居否之初處順之始爲類之首者也順非健也何可以征居否之時動則入邪三陰同道皆不可進故拔茅茹以類貞而不諂則吉亨○

否備鄙反長丁丈反辟音避難乃旦反象曰。拔茅貞吉。志在君也。志在於君。故不苟進。六二。包承。小人吉。大人否亨。居否之世。而得其位。用其至順。包承於上。小人路通。內柔外剛。大人否之。其道乃亨。象曰。大人否亨。不亂羣也。六三。包羞。俱用小道以承其上。而位不當。所以包羞也。象曰。包羞。位不當也。九四。有命无咎。疇離祉。夫處否而不可以有命者。以所應者小人也。有命於小人。則消君子之道者也。今初志在君。處乎窮下。故可以有命无咎而疇麗福也。疇。謂初也。象曰。有命无咎。志行也。九五。休否。大人吉。其亡其亡。繫于苞桑。居尊當位。能休否道者也。施否於小人。否之休也。唯大人而後能然。故曰大人吉也。處君子道消之時。己居尊位。何可以安。故心存將危。乃得固也。○㊡虛虬反

象曰。大人之吉。位正當也。上九。傾否。先否後喜。先傾後通。故後喜也。始以傾爲否。後得通乃喜

象曰。否終則傾。何可長也

䷌離下乾上 同人于野。亨。利涉大川。利君子貞。

彖曰。同人柔得位得中而應乎乾。曰同人。二爲同人之主 同人曰。同人于野。亨。利涉大川。乾行也

所以乃能同人于野亨利涉大川非二之所能也是乾之所行故特曰同人曰文明以健中正而應君子正也行健不以武而以文明用之相應不以邪而以中正應之君子正也故曰利君子貞唯君子爲能通天下之志君子以文明爲德

象曰天與火同人天體於上而火炎上同人之義也君子以類族辨物君子小人各得所同

初九同人于門无咎居同人之始爲同人之首者也无應於上心无係吝通夫大同出門皆同故曰同人于門也出門同人誰與爲咎

象曰出門同人又誰咎也

六二同人于宗吝應在乎五唯同於主過主則否用心

褊狹。鄙吝之道 ○否方有反 **象曰。同人于宗。吝道也。九三。伏戎于莽。升其高陵。三歲不興。**居同人之際。履下卦之極。不能包弘上下。通夫大同。物黨相分。欲乖其道。貪於所比。據上之應。其敵剛健。非力所當。故伏戎于莽。不敢顯亢也。升其高陵。望不敢進。量斯勢也。三歲不能興者也。三歲不能興。則五道亦以成矣。安所行焉。○莽莫蕩反。興如字 **象曰。伏戎于莽。敵剛也。三歲不興。安行也。**安。辭也 **九四。乘其墉。弗克攻。吉。**處上攻下。力能乘墉者也。履非其位。以與人爭。二自五應。三非犯己。攻三求二。尤而效之。違義傷理。衆所不與。故雖乘墉而不克也。不克則反。反則得吉也。不克乃反。其所以得吉。困而反則者也。○墉音容　象曰。乘其墉義弗克也。其吉則困而反則也。九五。同人先號咷而後笑。大師克相遇。彖曰。柔得位得中而應乎乾曰同人。然則體柔居中。衆之所與。執剛用直。衆所未從。故近隔乎二剛。未獲厭志。是以先號咷也。居中處尊。戰必克勝。故後笑也。不能使物自歸。而用其強直。故必須大師克之。然後相遇也。○號戶羔反　咷道刀反　象曰。同人之先。以中直也。大師相遇。言相克也。上九。同人于郊。无悔。郊者。外之極也。處同人之時。最在於外。不獲同志。而遠於內爭。故雖无悔吝。亦未得其志。　象曰。同人于郊。志未得也凡處同人而不泰焉則必用師矣不能大通則各私其黨而求利焉楚人亡弓不能亡楚愛國愈甚益爲它災是以同人不弘剛健之爻皆至用師也

䷍ 乾下離上 大有元亨不大通何由得大有乎大有則必元亨矣彖曰大有柔得尊位大中而上下應之曰大有處尊以柔居中以大體无二陰以分其應上下應之靡所不納大有之義也其德剛健而文明應乎天而時行是以元亨德應於天則行不失時矣剛健不滯文明不犯應天則大時行无違是以元亨象曰火在天上大有君子以遏惡揚善順天休命大有包容

大有

之象也。故遏惡揚善。成物之美。順夫天德休物之命。○（遏）於葛反。又音謁（休）虛虬反

初九。无交害。匪咎。艱則无咎以夫剛健爲大有之始。不能履中。滿而不溢。術斯以往。後害必至。其欲匪咎。艱則无咎也

象曰。大有初九。无交害也。

九二。大車以載任重而不危有攸往。无咎

象曰。大車以載健不違中。爲五所任。任重不危。致遠不泥。故可以往而无咎也。○（泥）乃計反積中不敗也。

九三。公用亨于天子。小人弗克處大有之時。居下體之極。乘剛健之上。而履得其位。與五同功。威權之盛。莫此過焉。公用斯位。乃得通乎天子之道也。小人不克。害可待也。○（亨）許庚反

象

曰公用亨于天子小人害也九四匪其彭无咎既失其位而上近至尊之威下比分權之臣其爲懼也可謂危矣唯夫有聖知者乃能免斯咎也三雖至盛五不可舍能辯斯數專心承五常匪其旁則无咎矣旁謂三也○彭步郎反知音智象曰匪其彭无咎明辯晢也明猶才也○晢章折反六五厥孚交如威如吉居尊以柔處大以中无私於物上下應之信以發志故其孚交如也夫不私於物物亦公焉不疑於物物亦誠焉既公且信何難何備不言而教行何爲而不威如爲大有之主而不以此道吉可得乎象曰厥孚交如信以發志也威如之吉易而無

備也上九自天祐之吉无不利大有豐富之世也處大有之上而不累於位志尚乎賢者也餘爻皆乘剛而已獨乘柔順也五爲信德而已履焉履信之謂也雖不能體柔而以剛乘柔思順之義也居豐有之世而不以物累其心高尚其志尚賢者也爻有三德盡夫助道故繫辭具焉○易以豉反祐音又象曰大有上吉自天祐也

謙

☶☷ 艮下坤上

謙亨君子有終彖曰謙亨天道下濟而光明地道卑而上行天道虧盈而益謙地道變盈而流謙鬼神害盈而福謙人道惡

盈而好謙。謙尊而光。卑而不可踰。君子之終也。象曰。地中有山。謙。君子以裒多益寡。稱物平施（多者用謙以爲裒。少者用謙以爲益。隨 / 物而與。施不失平也。○上時掌反。惡烏路反。好呼報反。裒蒲侯 / 反。稱尺證反。施始豉反）初六。謙謙君子。用涉大川。吉（處謙之下。謙之謙者也。能體謙謙。 / 其唯君子。用涉大難。物无害也）象曰。謙謙君子。卑以自牧也（牧。養 / 也）六二。鳴謙。貞吉（鳴者。聲名聞之謂也。 / 得位居中。謙而正焉）象曰。鳴謙貞吉。中心得也。九三。勞謙君子。有終吉（處下體之極。履 / 得其位。上下无

陽以分其民。衆陰所宗。尊莫先焉。居謙之世。何可安尊。上承下接。勞謙匪解。是以吉也。○

㊀解佳賣反

象曰。勞謙君子。萬民服也。六四。无不利。撝謙。處三之上而用謙焉。則是自上下之義也。承五而用謙順。則是上行之道也。盡乎奉上下下之道。故无不利。指撝皆謙。不違則也。○㊀撝毀皮反

象曰。无不利撝謙。不違則也。六五。不富以其鄰。利用侵伐。无不利。居於尊位。用謙與順。故能不富而用其鄰也。以謙順而侵伐。所伐皆驕逆也。

象曰。利用侵伐。征不服也。上六。鳴謙。利用行師征邑國。最處於外。不與內政。故有名而已。志功未得也。處外而履

謙順。可以征邑國而已。○與音預象曰。鳴謙。志未得也。可用行師征邑國也。夫吉凶悔吝。生乎動者也。動之所起。興於利者也。故飲食必有訟。訟必有衆起。未有居衆人之所惡。而爲動者所害。處不競之地。而爲爭者所奪。是以六爻雖有失位无應乘剛。而皆无凶咎悔吝者。以謙爲主也。謙尊而光。卑而不可踰。信矣哉

䷏ 坤下震上 豫。利建侯行師。彖曰。豫。剛應而志行。順以動豫。豫順以動。故天地如之。而況建侯行師乎。天地以順動。故日月不過。而四時

不忒。聖人以順動。則刑罰清而民服。豫之時義大矣哉。象曰。雷出地奮。豫。先王以作樂崇德。殷薦之上帝。以配祖考。初六。鳴豫。凶。處豫之初而特得志於上。樂過則淫。志窮則凶。豫何可鳴。○豫餘慮反　奮方問反　殷於勤反象曰。初六鳴豫。志窮凶也。六二。介于石。不終日。貞吉。處豫之時。得位履中。安夫貞正。不求苟豫者也。順不苟從。豫不違中。是以上交不諂。下交不瀆。明禍福之所生。故不苟說。辯必然之理。故不改其操。介如石焉。不終日明矣象曰。不終日貞吉。以中正也。六三。盱豫悔。

遲有悔居下體之極。處兩卦之際。履非其位。承動豫之主。若其睢盱而豫。悔亦生焉。遲而不從。豫之所疾。位非所據。而以從豫。進退離悔。宜其然矣○盱香于反象曰。盱豫有悔。位不當也。九四由豫。大有得。勿疑朋盍簪處豫之時。居動之始。獨體陽爻。衆陰所從。莫不由之以得其豫。故曰由豫大有得也。夫不信於物。物亦疑焉。故勿疑則朋盍疾也。盍。合也。簪。疾也○盍胡臘反簪側林反象曰。由豫大有得。志大行也。六五貞疾恒不死四以剛動爲豫之主。專權執制。非己所乘。故不敢與四爭權。而又居中處尊。未可得亡。是以必常至于貞疾。恒不死而已象曰。六五貞疾。乘剛也。

恒不死。中未亡也。上六。冥豫成。有渝无咎。處動豫之極。極豫盡樂。故至于冥豫成也。過豫不已。何可長乎。故必渝變。然後无咎。○冥覓經反。又亡定反。渝羊朱反象曰。冥豫在上。何可長也

䷐震下兌上隨。元亨利貞。无咎。彖曰。隨剛來而下柔。動而說。隨。大亨貞无咎。而天下隨時。隨時之義大矣哉震剛而兌柔也。以剛下柔。動而之說。乃得隨也。爲隨而不大通。逆於時也。相隨而不爲利正。災之道也。故大通利貞。乃得无咎也。爲隨而令大通利貞。得於時也。得時則天下隨之矣。隨之所施。唯在於時也。時異而不隨。否之道也。故隨時

隨

之義大矣哉〇說音悅象曰澤中有雷隨君子以嚮晦入宴息澤中有雷動說之象也物皆說隨可以无爲不勞明鑒故君子嚮晦入宴息也〇嚮許亮反初九官有渝貞吉出門交有功居隨之始上无其應无所偏係動能隨時意无所主者也隨不以欲以欲隨宜者也故官有渝變隨不失正也出門无違何所失哉象曰官有渝從正吉也出門交有功不失也六二係小子失丈夫陰之爲物以處隨世不能獨立必有係也居隨之時體分柔弱而以乘夫剛動豈能秉志違於所近隨此失彼弗能兼與五處已上初處已下故曰係小子失丈夫也象曰係小

子弗兼與也。六三係丈夫失小子隨有求得。利居貞陰之爲物。以處隨世。不能獨立。必有係也。雖體下卦。二已據初。將何所附。故舍初係四。志在丈夫。四俱无應。亦欲於已隨之則得其所求矣。故曰隨有求得也。應非其正。以係於人。何可以妄。故利居貞也。初處已下。四處已上。故曰係丈夫失小子也。象曰係丈夫志舍下也。下謂初也。九四隨有獲貞凶。有孚在道以明何咎處說之初。下據二陰。三求係已。不距則獲。故曰隨有獲也。居於臣地。履非其位。以擅其民。失於臣道。違正者也。故曰貞凶。體剛居說而得民心。能幹其事而成其功者也。雖違常義。志在濟物。心存公誠。著信在道。以明其功。何咎。

隨

之有

象曰。隨有獲。其義凶也。有孚在道。明功也。

九五。孚于嘉。吉。履正居中。而處隨世。盡隨時之宜。得物之誠。故嘉吉也

象曰。孚于嘉吉。位正中也。上六。拘係之。乃從維之。王用亨于西山。隨之爲體。陰順陽者也。最處上極。不從者也。隨道已成。而特不從。故拘係之。乃從也。率土之濱。莫非王臣。而爲不從。王之所討也。故維之王用亨于西山也。兌爲西方。山者。塗之險隔也。處西方而爲不從。故王用通于西山。○拘音俱。亨許庚反

象曰。拘係之。上窮也。處于上極。故窮也

☶☴ 巽下艮上 蠱。元亨。利涉大川。先甲三日。後甲

三日。彖曰。蠱。剛上而柔下上剛可以斷制。下柔可以施令。蠱音古後胡豆反巽而止蠱。既巽又止。不競爭也。有事而无競爭之患。故可以有爲也。蠱元亨而天下治也。有爲而大亨。非天下治而何也。利涉大川。往有事也。先甲三日。後甲三日。終則有始。天行也。蠱者。有事而待能之時也。可以有爲。其在此時矣。物已說隨。則待夫作制以定其事也。進德脩業。往則亨矣。故元亨利涉大川也。甲者。創制之令也。創制不可責之以舊。故先之三日。後之三日。使令洽而後乃誅也。因事申令。終則復始。若天之行用四時也。象曰。山下有風。蠱。君子以振民育德。蠱者。

有事而待能之時也。故君子以濟民養德也。**初六。幹父之蠱。有子。考无咎。厲終吉。**處事之首。始見任者也。以柔巽之質。幹父之事。能承先軌。堪其任者也。故曰有子也。任爲事首。能堪其事。考乃无咎也。故曰有子考无咎也。當事之首。是以危也。能堪其事。故終吉也。**象曰。幹父之蠱。意承考也。**幹事之首。時有損益。不可盡承。故意承而已。**九二。幹母之蠱。不可貞。**居於內中。宜幹母事。故曰幹母之蠱也。婦人之性。難可全正。宜屈己剛。既幹且順。故曰不可貞也。幹不失中。得中道也。**象曰。幹母之蠱。得中道也。九三。幹父之蠱。小有悔。无大咎。**以剛幹事而无其應。故有悔也。履得其位。以正幹父。雖小有悔。終无大咎。象曰。幹父之蠱。終无咎也。六四。裕父之蠱。往見吝。體柔當位。幹不以剛而以柔和。能裕先事者也。然无其應。往必不合。故曰往見吝。○裕羊樹反象曰。裕父之蠱。往未得也。六五。幹父之蠱。用譽。以柔處尊。用中而應。承先以斯。用譽之道也。象曰。幹父用譽。承以德也。以柔處中。不任威力也。上九。不事王侯。高尚其事。最處事上。而不累於位。不事王侯。高尚其事者也。象曰。不事王侯。志可則也。

臨

兌下坤上臨。元亨。利貞。至于八月有凶。彖曰。

臨。剛浸而長。説而順。剛中而應。大亨以正。天之道也陽轉進長。陰道日消。君子日長。小人日憂。大亨以正之義。○浸子鴆反長丁丈反説音悦至于八月有凶。消不久也八月陽衰而陰長。小人道長。君子道消也。故曰有凶象曰。澤上有地臨。君子以教思无窮。容保民無疆相臨之道。莫若説順也不恃威制。得物之誠。故物无違也。是以君子教思无窮。容保民无疆也。○思去聲疆居良反初九。咸臨。貞吉咸。感也。感。應也。有應於四。感以臨者也。四履正位而已應焉。志行正者也。以剛感順。志行其正。以斯臨物。正而獲吉也象曰。咸臨貞吉。志行正也。九二。咸臨。吉无不利有應在五。感以臨者也。剛勝則柔危。而五體柔。非能同斯志者也。若順於五。則剛德不長。何由得吉无不利乎。全與相違。則失於感應。其得咸臨吉无不利。必未順命也象曰。咸臨吉无不利。未順命也。六三。甘臨。无攸利。既憂之。无咎甘者。佞邪說媚不正之名也。履非其位。居剛長之世。而以邪說臨物。宜其无攸利也。若能盡憂其危。改脩其道。剛不害正。故咎不長象曰。甘臨。位不當也。既憂之。咎不長也。六四。至臨。无咎處順應陽。不忌剛長。而乃應之。履得其位。盡其至者也。剛勝則柔危。柔不失正。則得无咎也象曰。至臨无咎。位當也。六五。知臨。大君之宜。吉。處於尊位。履得其中。能納剛以禮。用建其正。不忌剛長而能任之。委物以能而不犯焉。則聰明者竭其視聽。知力者盡其謀能。不爲而成。不行而至矣。大君之宜。如此而已。故曰知臨大君之宜吉也象曰。大君之宜。行中之謂也。上六。敦臨。吉。无咎。處坤之極。以敦而臨者也。志在助賢。以敦爲德。雖在剛長。剛不害厚。故无咎也象曰。敦臨之吉。志在內也

䷓

坤下巽上觀。盥而不薦。有孚顒若。王道之可觀者。莫盛乎宗廟。宗廟之可觀者。莫盛於盥也。至薦簡略。不足復觀。故觀盥而不觀薦也。孔子曰。禘

觀

自既灌而往者。吾不欲觀之矣。盡夫觀盛。則下觀而化矣。故觀至盥則有孚顒若也。〇觀官喚反　盥音管　薦牋練反　顒魚恭反彖曰。大觀在上下賤而上貴也順而巽。中正以觀天下。觀盥而不薦。有孚顒若。下觀而化也。觀天之神道。而四時不忒。聖人以神道設教。而天下服矣統說觀之為道。不以刑制使物。而以觀感化物者也。神則无形者也。不見天之使四時。而四時不忒。不見聖人使百姓。而百姓自服也。〇忒吐得反象曰。風行地上。觀。先王以省方觀民設教。初六。童觀。小人无咎。君子吝。處於觀時。而最遠朝美。體於陰柔。不能自進。无所鑒見。故曰童觀。趣順而已。无所能爲。小人之道也。故曰小人无咎。君子處大觀之時而爲童觀。不亦鄙乎。○（省）悉井反（遠）袁萬反（朝）直遥反

象曰初六童觀小人道也六二闚觀利女貞處在於內。寡所鑒見。體分柔弱。從順而已。猶有應焉。不爲全蒙。所見者狹。故曰闚觀。居內得位。柔順寡見。故曰利女貞。婦人之道也。處大觀之時。居中得位。不能大觀。廣鑒。闚觀而已。誠可醜也。○（闚）苦規反

象曰闚觀女貞亦可醜也六三觀我生進退居下體之極。處二卦之際。近不比尊。遠不童觀。觀風者也。居此時也。可以觀我生進退也

象曰觀我生進退未失道也處進退之

時以觀進退之幾未失道也六四觀國之光利用賓于王居觀之時最近至尊觀國之光者也居近得位明習國儀者也故曰利用賓于王也○觀如字或官喚反象曰觀國之光尚賓也九五觀我生君子无咎居於尊位為觀之主宣弘大化光于四表觀之極者也上之化下猶風之靡草故觀民之俗以察己道百姓有罪在予一人君子風著己乃无咎上為化主將欲自觀乃觀民也象曰觀我生觀民也上九觀其生君子无咎觀我生自觀其道者也觀其生為民所觀者也不在於位最處上極高尚其志為天下所觀者也處天下所觀之地可不慎乎故君子德見乃得无咎生猶動

出也。見賢遍反象曰。觀其生志未平也特處異地。為衆所觀。不為平易。和光流通。志未平也。易以豉反。盡夫觀盛。故觀。至大觀在上。王肅音官。以觀天下。徐唯此一字作音官。觀盥而不薦。觀之為道。而以觀感。風行地上。觀處於觀時。君子處大觀之時。及大觀廣鑒。亦音官。居觀之時。為觀之主。觀之盛也。從盡夫觀以下。並官喚反。餘不出者。並音官

乾隆四十八年

周易卷第二

相臺岳氏刻梓荊谿家塾

觀

進士臣羅錦森敬書

周易卷二考證

大有象注遏惡揚善成物之美順夫天德休物之命。監本及坊刻諸本俱作遏惡揚善成物之性順天休命順物之命似以成物性順物命對舉及考孔頴達疏云君子象大有包容之義亦當遏惡揚善順奉天德休美物之性命則是遞講而非對舉與原本註語恰合

大有九三公用亨于天下音義亨許庚反通也衆家並香兩反。案此亨字注疏俱訓亨通春秋傳作享蓋亨通之亨享獻之享烹飪之烹古俱作亨陸氏既音

許庚反訓亨通復云衆家並香兩反作享獻似亦以
享字之義爲長今折中定本亦作享又隨上六王用
亨于西山升六四王用亨于岐山並倣此惟益六二
王用亨于帝原作享獻解
謙九三注上承下綏勞謙匪懈○孔氏正義曰上承下
接勞倦于謙又薛温其曰居上下之際接兩體焉案
此綏字當作接
隨六二注體於柔弱○閣本兼義本作體分柔弱觀卦
六二注句同
觀彖觀天之神道而四時不忒○石經神道下旁注曰

月不過四字

周易上經噬嗑傳第三

王弼註

䷔ 震下離上 噬嗑亨利用獄 噬，齧也。嗑，合也。凡物之不親，由有間也。物之不齊，由有過也。有間與過，齧而合之，所以通也。刑克以通，獄之利也。（噬）市制反 嗑胡臘反 （齧）研節反

彖曰頤中有物曰噬嗑 頤中有物，齧而合之，噬嗑之義也。

噬嗑而亨 有物有間，不齧不合，无由亨也。

剛柔分動而明雷電合而章 剛柔分動，不溷乃明，雷電並合，不亂乃章，皆利用獄之義。（溷）胡困反

柔得中而上行雖不當位利用獄

也謂五也。能爲齧合而通。必有其主。五則是也。上行。謂所之在進也。凡言上行。皆所之在貴也。雖不當位。不害用獄也。○上時掌反

象曰雷電噬嗑先王以明罰勑法初九屨校滅趾无咎居无位之地。以處刑初。受刑而非治刑者也。凡過之所始。必始於微而後至於著。罰之所始。必始於薄而後至於誅。過輕戮薄。故屨校滅趾。桎其行也。足懲而已。故不重也。過而不改。乃謂之過。小懲大誡。乃得其福。故无咎也。校者以木絞校者也。即械也。校者取其通名也。○勑恥力反 屨紀具反 校爻教反 桎章實反

象曰屨校滅趾不行也過止於此。

六二噬膚滅鼻无咎噬。齧也。齧者。刑克之謂也。處中得位。所刑者當。故曰

噬膚也。乘剛而刑，未盡順道，噬過其分，故滅鼻也。刑得所疾，故雖滅鼻而无咎也。膚者柔脃之物也。象曰。噬膚滅鼻。乘剛也。六三。噬腊肉。遇毒。小吝。无咎。處下體之極而履非其位。以斯食物。其物必堅。豈惟堅乎。將遇其毒。噬以喻刑人。腊以喻不服。毒以喻怨生。然承於四而不乘剛。雖失其正。刑不侵順。故雖遇毒。小吝无咎。（腊）音昔 象曰。遇毒。位不當也。九四。噬乾胏。得金矢。利艱貞吉。雖體陽爻。爲陰之主。履不獲中。而居非其位。以斯噬物。物亦不服。故曰噬乾胏也。金。剛也。矢。直也。噬乾胏而得剛直。可以利於艱貞之吉。未足以盡通理之道也。（乾）音干（胏）緇美反 象曰。利艱貞吉。未光也。六五。噬乾肉，得黃金，貞厲，无咎。乾肉，堅也。黃，中也。金，剛也。以陰處陽，以柔乘剛，以噬於物，物亦不服，故曰噬乾肉也。然處得尊位，以柔乘剛而居於中，能行其戮者也。履不正而能行其戮，剛勝者也。噬雖不服，得中而勝，故曰噬乾肉得黃金也。已雖不正，而刑戮得當，故雖貞厲而无咎也。象曰：貞厲无咎，得當也。上九。何校滅耳，凶。處罰之極，惡積不改者也。罪非所懲，故刑及其首，至于滅耳，及首非誡，滅耳非懲，凶莫甚焉。（何）何可反，又音何，亦作荷。象曰：何校滅耳，聰不明也。聰不明，故不慮惡積，至于不可解也。

賁

䷕ 離下艮上 賁。亨，小利有攸往。彖曰：賁亨，柔來而文剛。故亨。分剛上而文柔。故小利有攸往剛柔不分。文何由生。故坤之上六。來居二位。柔來文剛之義也。柔來文剛。居位得中。是以亨。乾之九二。分居上位。分剛上而文柔之義也。剛上文柔。不得中位。不若柔來文剛。故小利有攸往。○賁彼僞反 上時掌反天文也剛柔交錯而成文焉。天之文也。文明以止。人文也。止物不以威武而以文明。人之文也。觀乎天文。以察時變。觀乎人文。以化成天下解天之文則時變可知也。解人之文則化成可爲也。象曰。山下有火賁。君子以明庶政。无敢折獄。處賁之時。止物以文明。不可以威刑。故君子以明庶政而无敢折獄。折之舌反初九賁其趾舍車而徒在賁之始以剛處下居於无位弃於不義安夫徒步以從其志者也故飾其趾舍車而徒義弗乘之謂也○舍音捨象曰舍車而徒義弗乘也六二賁其須得其位而无應三亦无應俱无應而比焉近而相得者也須之爲物上附者也循其所履以附於上故曰賁其須也象曰賁其須與上興也九三賁如濡如永貞吉處下體之極居得其位與二相比俱履其正和合相潤以成其文者也既得其飾又得其潤故曰賁如濡如也永保其貞物莫之陵故曰永貞吉也○濡如臾反象曰永貞之吉終莫之陵也六四賁如皤如。白馬翰如。匪寇婚媾有應在初而閡於三。爲己寇難。二志相感。不獲通亨。欲靜則疑初之應。欲進則懼三之難。故或飾或素。內懷疑懼也。鮮潔其馬。翰如以待。雖履正位。未敢果其志也。三爲剛猛未可輕犯。匪寇乃婚。終无尤也。(皤)音婆(翰)戶旦反。又寒案反(媾)古豆反(閡)五戴反(難)乃旦反象曰。六四當位。疑也。匪寇婚媾。終无尤也。六五。賁于丘園。束帛戔戔。吝終吉處得尊位。爲飾之主。飾之盛者也。施飾於物。其道害也。施飾丘園盛莫大焉。故賁于束帛。丘園乃落。賁于丘園。帛乃戔戔。用莫過儉。泰而能約。故必吝焉。乃得終吉也。象曰。六五之吉。有喜也(戔)在干反。又音殘上九。白賁无咎處飾之終。飾終反素。故任其質素。不勞文飾而无咎也。以白爲飾。而无患憂。得志者也。象曰。白賁无咎。上得志也。

䷖坤下艮上剝。不利有攸往。彖曰。剝。剝也。柔變剛也。不利有攸往。小人長也。順而止之。觀象也。君子尚消息盈虛。天行也。坤順而艮止也。所以順而止之。不敢以剛止者。以觀其形象也。强亢激拂觸忤以隕身。身既傾焉。功又不就。非君子之所尚也。○（剝）邦角反（長）丁丈反象曰。山附於地。剝。上以厚下安宅。厚下者。牀不見剝也。安宅者。物不失處也。厚下安宅。治剝之道也。○（處）昌呂反初六剝牀以足蔑貞凶牀者。人之所以安也。剝牀以足。猶云剝牀之足也。蔑猶削也。剝牀之足。滅下之道也。下道始滅。剛殞柔長。則正削而凶來也。蔑莫結反象曰剝牀以足以滅下也六二剝牀以辨蔑貞凶蔑猶甚極之辭也。辨者。足之上也。剝道浸長。故剝其辨也。稍近於牀。轉欲滅物之所處。長柔而削正。以斯爲德。物所弃也。辨音辨。鄭符勉反象曰剝牀以辨未有與也六三剝之无咎與上爲應。羣陰剝陽。我獨協焉。雖處於剝。可以无咎象曰剝之无咎失上下也三上下各有二陰。而三獨應於陽。則失上下也六四剝牀以膚凶初二剝牀。民所以安。未剝其身也。至四剝道浸長。牀既剝盡以及人身。小人遂盛。物將失身。豈唯削正。靡所不凶。象曰：剝牀以膚，切近災也。六五：貫魚以宮人寵，无不利。處剝之時。居得尊位。爲剝之主者也。剝之爲害。小人得寵以消君子者也。若能施寵小人於宮人而已。不害於正。則所寵雖衆。終无尤也。貫魚。謂此衆陰也。駢頭相次。似貫魚也。○貫古亂反。駢薄田反。象曰：以宮人寵，終无尤也。上九：碩果不食，君子得輿，小人剝廬。處卦之終。獨全不落。故果至于碩而不見食也。君子居之。則爲民覆蔭。小人用之。則剝下所庇也。○輿音餘。廬力居反。象曰：君子得輿，民所載也。小

剝

人剥廬終不可用也

䷗震下坤上復亨出入无疾朋來无咎反復其道七日來復利有攸往彖曰復亨剛反動而以順行是以出入无疾入則爲反出則剛長故无疾疾猶病也○反復音福朋來无咎朋謂陽也反復其道七日來復陽氣始剥盡至來復時凡七日天行也以天之行反復不過七日復之不可遠也利有攸往剛長也往則小人道消也復其見天地之心乎復者反本之謂也天地以本爲心者也凡動息則靜靜非對動者也語息則默默非

對語者也。然則天地雖大。富有萬物。雷動風行。運化萬變。寂然至无。是其本矣。故動息地中。乃天地之心見也。若其以有爲心。則異類未獲具存矣

象曰。雷在地中。復。先王以至日閉關。商旅不行。后不省方。方。事也。冬至。陰之復也。夏至。陽之復也。故爲復則至於寂然大靜。先王則天地而行者也。動復則靜。行復則止。事復則无事也。

初九。不遠復。无祇悔。元吉。最處復初。始復者也。復之不速。遂至迷凶。不遠而復。幾悔而反。以此脩身。患難遠矣。錯之於事。其殆庶幾乎。故元吉也。○祇音支

象曰。不遠之復。以脩身也。

六二。休復。吉。得位處中。最比於初。上无陽爻以疑其親。陽爲仁行。在初之上。

而附順之下仁之謂也既處中位親仁善鄰復之休也○休虛虬反象曰休復之吉以下仁也六三頻復厲无咎頻頻蹙之貌也處下體之終雖愈於上六之迷已去復遠矣是以蹙也蹙而求復未至於迷故雖危无咎也復道宜速蹙而乃復義雖无咎它來難保象曰頻復之厲義无咎也六四中行獨復四上下各有二陰而處厥中履得其位而應於初獨得所復順道而反物莫之犯故曰中行獨復也象曰中行獨復以從道也六五敦復无悔居厚而履中居厚則无怨履中則可以自考雖不足以及休復之吉守厚以復悔可免也象曰敦復无悔中以自

考也。上六，迷復，凶，有災眚，用行師，終有大敗，以其國君凶，至于十年不克征。最處復後，是迷者也。以迷求復，故曰迷復也。用之行師，難用有克也，終必大敗。用之於國，則反乎君道也。大敗乃復，量斯勢也，雖復十年脩之，猶未能征也。眚，生領反，下卦同。象曰：迷復之凶，反君道也。

☳☰ 震下乾上 无妄，元亨利貞。其匪正有眚，不利有攸往。彖曰：无妄，剛自外來而爲主於內，謂震也。妄，亡亮反。動而健，震動而乾健也。剛中而應，謂五也。大亨以正。天之命也 剛自外來而爲主於內。動而愈健。剛中而應。威剛方正。私欲不行。何可以妄。使有妄之道滅。无妄之道成。非大亨利貞而何。剛自外來而爲主於內。則柔邪之道消矣。動而愈健。則剛直之道通矣。剛中而應。則齊明之德著矣。故大亨以正也。天之教命。何可犯乎。何可妄乎。是以匪正則有眚。而不利有攸往也。

其匪正有眚不利有攸往。无妄之往。何之矣。天命不祐行矣哉 匪正有眚。不求改以從正。而欲有所往。居不可以妄之時。而欲以不正有所往。將欲何之。天命之所不祐。竟矣哉。○佑音又

象曰。天下雷行物與无妄 與辭也。猶皆也。天下雷行。物皆不可以妄也

先王以茂

對時育萬物茂。盛也。物皆不敢妄。然後萬物乃得各全其性。對時育物。莫盛於斯也。初九。无妄往吉。體剛處下。以貴下賤。行不犯妄。故往得其志。象曰。无妄之往。得志也。六二。不耕穫。不菑畬。則利有攸往。不耕而穫。不菑而畬。代終已成。而不造也。不擅其美。乃盡臣道。故利有攸往。○穫黃郭反。菑側其反。畬音餘。象曰。不耕穫。未富也。六三。无妄之災。或繫之牛。行人之得。邑人之災。以陰居陽。行違謙順。是无妄之所以為災也。牛者稼穡之資也。二以不耕而穫。利有攸往。而三為不順之行。故或繫之牛。是有司之所以為獲。彼人之所以為災也。故曰。行人之得。邑人之災也。行違。及之行下孟反象曰。行人得牛。邑人災也。九四。可貞无咎處无妄之時。以陽居陰。以剛乘柔。履於謙順。比近至尊。故可以任正固有所守而无咎也象曰。可貞无咎。固有之也。

九五。无妄之疾。勿藥有喜居得尊位。爲无妄之主者也。下皆无妄。害非所致而取藥焉。疾之甚也。非妄之災。勿治自復。非妄而藥之則凶。故曰勿藥有喜象曰。无妄之藥。不可試也藥攻有妄者也。而反攻无妄。故不可試也

上九。无妄行有眚。无攸利處不可妄之極。唯宜靜保其身而已。故不可以行也象曰。无妄之行。窮之災也

䷙ 乾下艮上 大畜。利貞。不家食，吉。利涉大川。彖曰：大畜，剛健篤實，煇光日新其德。凡物既厭而退者弱也，既榮而隕者薄也。夫能煇光日新其德者，唯剛健篤實也。畜，勑六反。厭，於豔反。剛上而尚賢，謂上九也。處上而大通，剛來而不距，尚賢之謂也。能止健，大正也。健莫過乾而能止之，非夫大正未之能也。不家食吉，養賢也。有大畜之實，以之養賢，令賢者不家食，乃吉也。尚賢制健，大正應天，不憂險難，故利涉大川也。令，力呈反。利涉大川，應乎天也。象曰：天在山中，大畜。君子以多識前言往行，以畜其德。

物之可畜於懷。令德不散。盡於此也。○識如字。劉作志。行下孟反初九。有厲。利巳。四乃畜巳。未可犯也。故進則有厲。巳則利也。○巳夷止反。或音紀象曰。有厲利巳。不犯災也。處健之始。未果其健者。故能利巳九二。輿說輹。五處畜盛。未可犯也。遇斯而進。故輿說輹也。居得其中。能以其中。不為馮河死而無悔。遇難能止。故无尤也。○輿音餘。說吐活反。輹音服。又音福象曰。輿說輹。中无尤也。九三。良馬逐。利艱貞。曰閑輿衛。利有攸往。凡物極則反。故畜極則通。初二之進。值於畜盛。故不可以升。至於九三。升于上九。而上九處天衢之亨。塗徑大通。進无違距。可以馳騁。故曰良馬逐也。履當其位進得其時之乎通路不憂險阨故利艱貞也閑閡也衛護也進得其時雖涉艱難而无患也輿雖遇閑而故衛也與上合志故利有攸往也**象曰利有攸往上合志也**

六四童牛之牿元吉處艮之始履得其位能止健初距不以角柔以止剛剛不敢犯抑銳之始以息强爭豈唯獨利乃將有喜也○牿古毒反

象曰六四元吉有喜也

六五豶豕之牙吉豕牙橫猾剛暴難制之物謂二也五處得尊位爲畜之主二剛而進能豶其牙柔能制健禁暴抑盛豈唯能固其位乃將有慶也○豶符云反劉云豕去勢曰豶

象曰六五之吉有慶也

上九何天之衢亨處畜之極畜極則通

大畜以至於大亨之時。何。辭也。猶云何畜。乃天之衢亨也。○何音河。又音賀。衢其俱反

象曰。何天之衢。道大行也

䷚ 震下艮上 頤貞吉。觀頤。自求口實。彖曰。頤貞吉。養正則吉也。觀頤。觀其所養也。自求口實。觀其自養也。天地養萬物。聖人養賢以及萬民。頤之時大矣哉。象曰。山下有雷。頤。君子以慎言語。節飲食 言語飲食。猶慎而節之。而況其餘乎。○頤以之反。養如字

初九。舍爾靈龜。觀我朵頤。凶 朵頤者。嚼也。以陽處下而爲動

始。不能令物由己養。動而求養者也。夫安身莫若不競。脩己莫若自保。守道則福至。求祿則辱來。居養賢之世。不能貞其所履以全其德。而舍其靈龜之明兆。羨我朶頤而躁求。離其致養之至道。闚我寵祿而競進。凶莫甚焉。○舍音捨朶多果反動也 象曰觀我朶頤。亦不足貴也。六二顛頤。拂經于丘頤。征凶。養下曰顛。拂違也。經猶義也。丘所履之常也。處下體之中。无應於上。反而養初。居下不奉上而反養下。故曰顛頤拂經于丘也。以此而養。未見其福也。以此而行。未見有與。故曰頤征凶。○顛丁田反拂符弗反 象曰六二征凶。行失類也。類皆上養。而二處下養初 六三拂頤。貞凶。十年勿用。无

頤

攸利履夫不正以養於上納上以謟者也拂養正之義故曰拂頤貞凶也處頤而爲此行十年見弃者也象曰十年勿用道大悖立行於斯无施而利也六四顛頤吉虎視眈眈其欲逐逐无咎體屬上體居得其位而應於初以上養下得頤之義故曰顛頤吉也下交不可以瀆故虎視眈眈威而不猛不惡而嚴養德施賢何可有利故其欲逐逐尚敦實也脩此二者然後乃得全其吉而无咎觀其自養則履正察其所養則養陽頤爻之貴斯爲盛矣○悖布內反視市志反眈丁南反象曰顛頤之吉上施光也六五拂經居貞吉不可涉大川以陰居陽拂頤之義也行則失類故宜居

貞也。无應於下而比於上。故可守貞從上。得頤之吉。雖得居貞之吉。處頤違謙。難未可涉也

象曰居貞之吉順以從上也

上九由頤厲吉利涉大川以陽處上而履四陰。陰不能獨以得其養。故曰由頤。爲衆陰之主。不可瀆也。故厲乃吉。有似家人悔厲之義。貴而无位。是以厲也。高而有民。是以吉也。爲養之主。物莫之違。故利涉大川也

象曰由頤厲吉大有慶也

䷛ 巽下兌上 大過音相過之過 棟橈利有攸往亨

彖曰大過大者過也大者乃能過也。○棟丁貢反橈乃教反 棟橈

本末弱也初爲本而上爲末也剛過而中謂二也。居陰。過也。處二。中也。拯弱興衰。不失其中也巽而說行巽而說行。以此救難。難乃濟也。【說】音悅利有攸往。乃亨危而弗持。則將安用。故往乃亨大過之時大矣哉是君子有爲之時也象曰。澤滅木。大過。君子以獨立不懼。遯世无悶此所以爲大過。非凡所及也。【遯】徒遜反初六。藉用白茅。无咎以柔處下。過而可以无咎。其唯愼乎。【藉】在夜反象曰。藉用白茅。柔在下也。九二。枯楊生稊。老夫得其女妻。无不利稊者。楊之秀也。以陽處陰。能過其本而救其弱者也。

上无其應。心无特吝。處過以此。无衰不濟也。故能令枯楊更生稊。老夫更得少妻。拯弱與衰。莫盛斯爻。故无不利也。老過則枯。少過則稚。以老分少則稚者長。以稚分老則枯者榮。過以相與之謂也。大過至衰而已至壯。以至壯輔至衰。應斯義也。稊徒稽反夫如字

象曰老夫女妻過以相與也。九三棟橈凶。居大過之時。處下體之極。不能救危拯弱以隆其棟。而以陽處陽。自守所居。又應於上。係心在一。宜其淹溺而凶衰也**象曰棟橈之凶不可以有輔也。**

九四棟隆吉有它吝。體屬上體。以陽處陰。能拯其弱。不為下所橈者也。故棟隆吉也。而應在初。用心不弘。故有它吝也**象曰棟隆之吉不**

橈乎下也。九五。枯楊生華。老婦得其士夫。无咎无譽。處得尊位。而以陽處陽。未能拯危。處得尊位。亦未有橈。故能生華。不能生稊。能得夫。不能得妻。處棟橈之世而爲无咎无譽。何可長哉。故生華不可久。士夫誠可醜也。(華)如字。又音花。(譽)音預。又音餘。象曰。枯楊生華。何可久也。老婦士夫。亦可醜也。上六。過涉滅頂。凶。无咎。處大過之極。過之甚也。涉難過甚。故至于滅頂凶。志在救時。故不可咎也。(頂)都冷反。象曰。過涉之凶。不可咎也。雖凶无咎。不害義也

☵☵ 坎下坎上 習坎。坎。險陷之名也。習謂便習之。(坎)苦感反。(便)婢面反 有

孚。維心亨。剛正在內。有孚者也。陽不外發而在乎內。心亨者也。行有尚。內亨外闇。內剛外順。以此行險。行有尚也。彖曰。習坎。重險也。坎以險爲用。故特名曰重險。言習坎者。習乎重險也。重直龍反水流而不盈。行險而不失其信。險陗之極。故水流而不能盈也。處至險而不失剛中。行險而不失其信者。習險之謂也。陗七妙反維心亨。乃以剛中也。行有尚。往有功也。便習於坎而之坎地。盡坎之宜。故往必有功也。天險不可升也。不可得升。故得保其威尊。地險山川丘陵也。有山川丘陵。故物得以保全也。王公設險以守其國。國之爲衞。恃於險也。

言自天地以下莫不須險也。**險之時用大矣哉。**非用之常，用有時也。

象曰：水洊至，習坎。重險縣絕，故水洊至也。不以坎為隔絕，相仍而至，習乎坎也。○洊，在薦反。**君子以常德行，習教事。**至險未夷，教不可廢，故以常德行而習教事也。習於坎，然後乃能不以險難為困，而德行不失常也。故則夫習坎以常德行而習教事也。○行，下孟反。

初六：習坎，入于坎窞，凶。習坎者，習為險難之事也。最處坎底，入坎窞者也。處重險而復入坎底，其道凶也。行險而不能自濟，習坎而入坎窞，失道而窮在坎底，上无應援，可以自濟，是以凶也。○窞，徒坎反。坎底也。

象曰：習坎入坎，失道凶也。

九二：坎有險，

求小得履失其位。故曰坎。上无應援。故曰有險。坎而有險。未能出險之中也。處中而與初三相得。故可以求小得也。初三未足以爲援。故曰小得也象曰求小得未出中也。六三來之坎坎險且枕。入于坎窞。勿用既履非其位。而又處兩坎之間。出則之坎。居則亦坎。故曰來之坎坎也。枕者枝而不安之謂也。出則无之。處則无安。故曰險且枕也。來之皆坎。无所用之。徒勞而已○枕針鴆反象曰來之坎坎終无功也。六四樽酒簋貳用缶。納約自牖。終无咎處重險而履正。以柔居柔。履得其位以承於五。五亦得位。剛柔各得其所。不相犯位。皆无餘應以相承比。明信顯著。不存外飾。處坎以斯。雖復一樽之酒。二簋之食。瓦缶之器。納此至約。自進於牖。乃可羞之於王公。薦之於宗廟。故終无咎也○簋音軌缶方有反牖音酉

象曰。樽酒簋貳。剛柔際也。剛柔相比而相親焉。際之謂也

九五。坎不盈。祇既平。无咎。爲坎之主。而无應輔可以自佐。未能盈坎者也。坎之不盈。則險不盡矣。祇。辭也。爲坎之主。盡平乃无咎。故曰祇既平无咎也。說既平乃无咎。明九五未免於咎也○祇音支又祁支反

象曰。坎不盈。中未大也

上六。係用徽纆。寘于叢棘。三歲不得。凶。險陗之極。不可升也。嚴法峻整。難可犯也。宜其囚執。寘于思過之地。三歲。險道之夷也。險終乃反。故三歲不得。自脩三歲。

乃可以求復。故曰三歲不得凶也。○(徽)許韋反(纆)音墨。三股曰徽。兩股曰纆。皆索名(寘)之豉反(叢)才公反

象曰上六失道凶三歲也

䷝ 離下離上

離利貞亨離之爲卦以柔爲正故必貞而後乃亨故曰利貞亨

畜牝牛吉柔處于內而履正中牝之善也外強而內順牛之善也離之爲體以柔順爲主者也故不可以畜剛猛之物而吉於畜牝牛也○(畜)許六反(牝)頻忍反

彖曰離麗也麗猶著也各得所著之宜○(著)直略反日月麗乎天百穀草木麗乎土重明以麗乎正乃化成天下柔麗乎中正故亨是以畜牝牛吉也

柔耆于中正。乃得通也。柔通之吉。極於畜牝牛。不能及剛猛也。○重直龍反 象曰。明兩作離。大人以繼明照于四方也。繼。謂不絕明照相繼。不絕曠也。初九。履錯然。敬之无咎。錯然者。警愼之貌也。處離之始。將進而盛未在既濟。故宜愼其所履。以敬爲務。辟其咎也。○錯七各反。又七路反 象曰。履錯之敬。以辟咎也。六二。黃離。元吉。居中得位。以柔處柔。履文明之盛而得其中。故曰黃離元吉也。象曰。黃離元吉。得中道也。九三。日昃之離。不鼓缶而歌。則大耋之嗟。凶。嗟。憂歎之辭也。處下離之終。明在將沒。故曰日昃之離也。明在將終。

若不委之於人。養志无爲。則至于耋老有嗟凶矣。故曰不鼓缶而歌。則大耋之嗟凶也。○（昃）本作仄（耋）田節反

象曰。日昃之離。何可久也。九四。突如其來如。焚如。死如。棄如。處於明道始變之際。昏而始曉。沒而始出。故曰突如其來如。其明始進。其炎始盛。故曰焚如。逼近至尊。履非其位。欲進其盛。以炎其上。命必不終。故曰死如。違離之義。无應无承。衆所不容。故曰棄如也。○（突）徒忽反

象曰。突如其來如。无所容也。六五。出涕沱若。戚嗟若。吉。履非其位。不勝所履。以柔乘剛。不能制下。下剛而進。將來害己。憂傷之深。至于沱嗟也。然所麗在尊。四爲逆首。憂傷至深。衆之所助。故乃沱嗟而獲吉也。○（出）

如字。又尺遂反（涕）他米反（沱）徒河反（戚）千寂反 象曰。六五之吉。離王公也。上九。王用出征。有嘉折首。獲匪其醜。无咎 離。麗也。各得安其所麗謂之離。處離之極。離道已成。則除其非類以去民害。王用出征之時也。故必有嘉折首。獲匪其醜。乃得无咎也。（離）音麗（折）之舌反 象曰。王用出征。以正邦也

周易卷第三

相臺岳氏刻梓荆谿家塾

離

進士臣王鵬敬書

周易卷三考證

賁六四注欲靜則欽初之應○案注下云欲進則懼三之難故或飾或素内懷疑懼也据此欽當作疑監本及閣本皆同

大畜利渉大川○案六經正誤云大畜繇辭涉字誤渉興國軍本作涉从水从步步从止从少反止爲少動足也足一止一動爲步非从多少之少原本作渉增點今據改凡遇步陟等字皆倣此

坎六三險且枕○案説文枕卧所荐首者从木冘聲章衽切俗作枕非凡遇枕軓曳等字誤增點者俱改正

後不重載

下經咸傳第四

王弼註

艮下兌上咸。亨，利貞，取女吉。彖曰：咸，感也。柔而剛下，二氣感應以相與，是以亨也。○取音娶。下同。止而說，故利貞也。○說音悅。男下女，取女吉也。是以亨利貞，取女吉也。天地感而萬物化生，二氣相與，乃化生也。聖人感人心而天下和平。觀其所感，而天地萬物之情可見矣。天地萬物之情見於所感也。凡感之爲道，不能感非類者也。故引取女以明同類之義也。同類而不相感應。以其各亢所處也。故女雖應男之物。必下之而後取女乃吉也。○見於音現 象曰。山上有澤咸。君子以虛受人 以虛受人。物乃感應。 初六。咸其拇 處咸之初。爲感之始。所感在末。故有志而已。如其本實。未至傷靜。○拇茂后反。足大指 象曰。咸其拇。志在外也 四屬外卦。 六二。咸其腓。凶。居吉 咸道轉進。離拇升腓。腓體動躁者也。感物以躁。凶之道也。由躁故凶。居則吉矣。處不乘剛。故可以居而獲吉。○腓房非反 雝力智反 象曰。雖凶居吉。順不害也 陰而爲居。順之道也。不躁而居。順不害也。 九三。咸其股。執其隨。往吝 股之爲物。

隨足者也。進不能制動。退不能靜處。所感在股。志在隨人者也。志在隨人。所執亦以賤矣。用斯以往。吝其宜也。○股音古

象曰咸其股亦不處也志在隨人所執下也九四貞吉悔亡憧憧往來朋從爾思

處上卦之初。應下卦之始。居體之中。在股之上。二體始相交感以通其志。心神始感者也。凡物始感而不以之於正則至於害。故必貞然後乃吉。吉然後乃得亡其悔也。始在於感。未盡感極。不能至於无思以得其黨。故有憧憧往來。然後朋從其思也。○憧昌容反。又音童。音鍾。

象曰貞吉悔亡未感害也

未感於害。故可正之。得悔亡也。

憧憧往來未光大也九五咸其脢

无悔脢者心之上口之下進不能大感退亦不爲无志其志淺末故无悔而已。脢武杯反又音每背脊肉也又音灰象曰咸其脢志末也上六。咸其輔頰舌咸道轉末故在口舌言語而已象曰咸其輔頰舌滕口説也輔頰舌者所以爲語之具也咸其輔頰舌則滕口説也憧憧往來猶末光大況在滕口薄可知也。滕徒登反

☳☴ 巽下震上恒亨无咎利貞恒而亨以濟三事也恒之爲道亨乃无咎也恒通无咎乃利正也。恒如字久也利有攸往各得所恒修其常道終則有始往而无違故利有攸往也彖曰恒久也剛上而柔下

剛尊柔卑。得其序也雷風相與長陽長陰。能相成也巽而動動无違也剛柔皆應不孤媲也恒皆可久之道恒亨无咎利貞久於其道也道得所久。則常通无咎而利貞也天地之道恒久而不已也得其所久。故不已也利有攸往終則有始也得其常道。故終則復始。往无窮極日月得天而能久照四時變化而能久成。聖人久於其道而天下化成言各得其所恒。故皆能長久觀其所恒而天地萬物之情可見矣天地萬物之情見於所恒也象曰雷風恒長陽長陰。合而相與可久之道也。君子以立不易方。得其所久，故不易也。初六，浚恒，貞凶，无攸利。處恒之初，最處卦底，始求深者也。求深窮底，令物无餘蘊，漸以至此，物猶不堪，而況始求深者乎？以此爲恒，凶，正害德，无施而利也。○浚，荀閏反。象曰：浚恒之凶，始求深也。九二，悔亡。雖失其位，恒位於中，可以消悔也。象曰：九二悔亡，能久中也。九三，不恒其德，或承之羞，貞吝。處三陽之中，居下體之上，處上體之下，上不全尊，下不全卑，中不在體，體在乎恒，而分无所定，无恒者也。德行无恒，自相違錯，不可致詰，故或承之羞也。施德於斯，物莫之納，鄙賤甚矣，故曰貞吝也。象曰：不

恒其德。无所容也。九四。田无禽恒於非位。雖勞无獲也

象曰久非其位。安得禽也。六五。恒其德貞。婦人吉。夫子凶居得尊位。爲恒之主。不能制義。而係應在二。用心專貞。從唱而已。婦人之吉。夫子之凶也。

象曰婦人貞吉。從一而終也。夫子制義。從婦凶也。上六。振恒。凶夫靜爲躁君。安爲動主。故安者上之所處也。靜者可久之道也。處卦之上。居動之極。以此爲恒。无施而得也。○振之刃反

象曰振恒在上。大无功也

☶艮下乾上 遯。亨。小利貞。彖曰遯亨。遯而亨也

遯之爲義，遯乃通也。○遯徒巽反剛當位而應，與時行也。謂五也。剛當位而應，非否亢也。遯不否亢，能與時行也。○否備鄙反小利貞，浸而長也。陰道欲浸而長，正道亦未全滅，故小利貞也。○浸子鴆反，長丁丈反遯之時義大矣哉！象曰：天下有山，遯。天下有山，陰長之象。君子以遠小人，不惡而嚴。初六，遯尾，厲，勿用有攸往。遯之爲義，辟內而之外者也。尾之爲物，最在體後者也。處遯之時，不往何災？而爲遯尾，禍所及也。危至而後求行，難可免乎？厲，則勿用有攸往也。○遠袁萬反，辟音避象曰：遯尾之厲，不往何災也。六二，執之用黃牛之革莫之勝說居內處中。爲遯之主。物皆遯已。何以固之。若能執乎理中厚順之道以固之也。則莫之勝解。○勝升證反。又音升。說如字象曰執用黃牛固志也九三係遯有疾厲畜臣妾吉在內近二。以陽附陰。宜遯而係。故曰係遯。遯之爲義。宜遠小人。以陽附陰。係於所在。不能遠害。亦已憊矣。宜其屈辱而危厲也。係於所在。畜臣妾可也。施於大事。凶之道也。○係古詣反象曰係遯之厲有疾憊也畜臣妾吉不可大事也九四好遯君子吉小人否處於外而有應於內。君子好遯。故能舍之。小人繫戀。是以否也。○好呼報反。否音鄙。徐方有反。又備鄙反象曰君子好遯，小人否也。九五。嘉遯貞吉。遯而得正，反制於內。小人應命，率正其志，不惡而嚴，得正之吉，遯之嘉也。象曰：嘉遯貞吉，以正志也。上九。肥遯，无不利。最處外極，无應於內，超然絕志，心无疑顧，憂患不能累，矰繳不能及，是以肥遯无不利也。繳，章略反。象曰：肥遯无不利，无所疑也。

大壯

䷡ 乾下震上 大壯。利貞。彖曰：大壯，大者壯也。大者謂陽爻，小道將滅，大者獲正，故利貞也。剛以動，故壯。大壯利貞，大者正也。正大而天地之情可見矣。天地之情，正大而已矣。弘正極大。則天地之情可見矣**象曰。雷在天上。大壯。**以剛動也**君子以非禮弗履**壯而違禮則凶。凶則失壯也。故君子以大壯而順禮也**初九。壯于趾。征凶有孚。**夫得大壯者。必能自終成也。未有陵犯於物而得終其壯者。在下而壯。故曰壯于趾也。居下而用剛壯。以斯而進。窮凶可必也。故曰征凶有孚**象曰。壯于趾。其孚窮也。**言其信窮**九二。貞吉。**居得中位。以陽居陰。履謙不亢。是以貞吉**象曰。九二貞吉。以中也。九三。小人用壯。君子用罔。貞厲。羝羊觸藩。羸其角。**處健之極。以陽處陽。用其壯者也。故小人用之以爲壯。君子用之以

乾隆四十八年

爲羅已者也。貞厲以壯，雖復羝羊，以之觸藩，能无羸乎。○〔羝〕音低，羖羊也。〔觸〕處六反。〔藩〕方袁反。〔羸〕律悲反。**象曰：小人用壯，君子罔也。九四：貞吉，悔亡。藩決不羸，壯于大輿之輹。**下剛而進，將有憂虞。而以陽處陰，行不違謙，不失其壯，故得貞吉而悔亡也。已得其壯，而上陰不罔已路，故藩決不羸也。壯于大輿之輹，无有能說其輹者，可以往也。○〔決〕音穴。〔輿〕音餘。〔輹〕音福。〔說〕吐活反。**象曰：藩決不羸，尚往也。六五：喪羊于易，无悔。**居於大壯，以陽處陽，猶不免咎，而況以陰處陽，以柔乘剛者乎。羊，壯也。必喪其羊，失其所居也。能喪壯于易，不于險難，故得无悔。二履貞吉，能幹其任，而已委焉，則得无悔。委之則難不至。居之則敵寇來。故曰喪羊于易。○喪息浪反。易以豉反。象曰。喪羊于易。位不當也。上六。羝羊觸藩。不能退。不能遂。无攸利。艱則吉。有應於三。故不能退。懼於剛長。故不能遂。持疑猶豫。志无所定。以斯決事。未見所利。雖處剛長。剛不害正。苟定其分。固志在一。以斯自處。則憂患消亡。故曰艱則吉也。象曰。不能退。不能遂。不詳也。艱則吉。咎不長也。

☷☲ 坤下離上 晉。康侯用錫馬蕃庶。晝日三接。彖曰。晉。進也。明出地上。順而麗乎大明。柔進而

上行凡言上行者，所之在貴也。（蕃）音煩（晝）竹又反（三）息暫反（上）時掌反，凡上行並同

是以康侯用錫馬蕃庶晝日三接也康，美之名也。順以著明，臣之道也。柔進而上行，物所與也。故得錫馬而蕃庶。以訟受服，則終朝三褫。柔進受寵，則一晝三接也。（著）直略反。下著明同（褫）勑紙反

象曰明出地上晉君子以自昭明德以順著明，自顯之道。

初六晉如摧如貞吉罔孚裕无咎處順之初，應明之始，明順之德，於斯將隆，進明退順，不失其正，故曰晉如摧如貞吉也。處卦之始，功業未著，物未之信，故曰罔孚。方踐卦始，未至履位，以此爲足，自喪其長者也。故必裕之，然後无咎。（摧）罪雷反（著）張慮反

晉

喪息浪反 象曰晉如摧如獨行正也裕无咎未受命也未得履位未受命也 六二晉如愁如貞吉受茲介福于其王母進而无應其德不昭故曰晉如愁如居中得位履順而正不以无應而回其志處悔能致其誠者也脩德以斯闇乎幽昧得正之吉也故曰貞吉母者處內而成德者也鳴鶴在陰則其子和之立誠於闇闇亦應之故其初愁如履貞不回則乃受茲大福于其王母也愁狀由反鄭子小反 象曰受茲介福以中正也 六三衆允悔亡處非其位悔也志在上行與衆同信順而麗明故得悔亡也 象曰衆允之志上行也 九四晉如鼫

鼫鼠貞厲履非其位，上承於五，下據三陰，履非其位，又負且乘，无業可安，志无所據。以斯為進，正之危也。進如鼫鼠，无所守也。鼫音石。子夏傳作碩鼠。象曰：鼫鼠貞厲，位不當也。六五：悔亡，失得勿恤，往吉，无不利。柔得尊位，陰為明主，能不用察，不代下任也。故雖不當位，能消其悔。失得勿恤，各有其司，術斯以往，无不利也。象曰：失得勿恤，往有慶也。上九：晉其角，維用伐邑，厲吉无咎，貞吝。處進之極，過明之中，明將夷焉。已在乎角，而猶進之，非亢如何？失夫道化无為之事，必須攻伐，然後服邑。危乃得吉，吉乃无咎。用斯為正，亦以賤矣。象曰：維用伐邑，道未光

也

䷣ 離下坤上 明夷。利艱貞。彖曰：明入地中，明夷。內文明而外柔順，以蒙大難，文王以之。利艱貞，晦其明也。內難而能正其志，箕子以之。象曰：明入地中，明夷。君子以蒞衆，蒞衆顯明，蔽偽百姓者也。故以蒙養正，以明夷蒞衆。○難，乃旦反，卦內同。蒞，履二反。用晦而明。藏明於內，乃得明也；顯明於外，巧所辟也。○辟音避，下同。

初九：明夷于飛，垂其翼。君子于行，三日不食。有攸往，主人有言。明夷之主。在於上六。上六爲至闇者也。初處卦之始。最遠於難也。遠難過甚。明夷遠遯絕跡匿形。不由軌路。故曰明夷于飛。懷懼而行。行不敢顯。故曰垂其翼也。尚義而行。故曰君子于行也。志急于行。飢不遑食。故曰三日不食也。殊類過甚。以斯適人。人必疑之。故曰有攸往主人有言。○**象曰君子于行義不食也。六二**遠袁萬反

明夷夷于左股用拯馬壯吉夷于左股。示行不能壯也。以柔居中用夷其明。進不殊類。退不近難。不見疑憚。順以則也。故可用拯馬而壯吉也。不垂其翼。然後乃免也。○股音古**象曰六二之吉順以則也**順之以則。故不見疑

九三明夷于南狩得其大首不可疾貞。

處下體之上。居文明之極。上爲至晦。入地之物也。故夷其明以獲南狩。得大首也。南狩者發其明也。既誅其主。將正其民。民之迷也。其日固已久矣。化宜以漸。不可速正。故曰不可疾貞。○狩手又反

象曰。南狩之志。乃大得也。去闇主也。○去羌呂反

六四。入于左腹。獲明夷之心。于出門庭。左者取其順也。入于左腹。得其心意。故雖近不危。雖時辟難。門庭而已。能不逆忤也。

象曰。入于左腹。獲心意也。

六五。箕子之明夷。利貞。最近於晦。與難爲比。險莫如茲。而在斯中。猶闇不能沒。明不可息。正不憂危。故利貞也。

象曰。箕子之貞。明不可息也。

上六。不明晦。

初登于天，後入于地。處明夷之極，是至晦者也。本其初也，在乎光照，轉至于晦，遂入于地。象曰：初登于天，照四國也。後入于地，失則也。

䷤ 離下巽上 家人：利女貞。家人之義，各自脩一家之道，不能知家外他人之事也。統而論之，非元亨利君子之貞，故利女貞。其正在家內而已。彖曰：家人，女正位乎內，謂二也。男正位乎外，謂五也。家人之義，以內爲本，故先說女也。男女正，天地之大義也。家人有嚴君焉，父母之謂也。父父，子子，兄兄，弟弟，夫夫，婦婦而家道正。正家而天下定矣。象曰。風自火出。家人。由內以相成熾也君子以言有物。而行有恒。家人之道。脩於近小而不妄也。故君子以言必有物而口无擇言。行必有恒而身无擇行。○[行]下孟反初九。閑有家。悔亡。凡教在初而法在始。家瀆而後嚴之。志變而後治之。則悔矣。處家人之初。爲家人之始。故宜必以閑有家。然後悔亡也象曰。閑有家。志未變也。六二。无攸遂。在中饋。貞吉。居內處中。履得其位。以陰應陽。盡婦人之正義。无所必遂。職乎中饋。巽順而已。是以貞吉也○[饋]巨愧反象曰。六二之吉。順以巽也。九三。

家人嗃嗃悔厲吉婦子嘻嘻終吝以陽處陽剛嚴者也處下體之極爲一家之長者也行與其慢寧過乎恭家與其瀆寧過乎嚴是以家人雖嗃嗃悔厲猶得其道婦子嘻嘻乃失其節也○嗃呼落反嘻喜悲反象曰家人嗃嗃未失也婦子嘻嘻失家節也六四富家大吉能以其富順而處位故大吉也若但能富其家何足爲大吉體柔居巽履得其位明於家道以近至尊能富其家也象曰富家大吉順在位也

九五王假有家勿恤吉假至也履正而應處尊體巽王至斯道以有其家者也居於尊位而明於家道則下莫不化矣父父子子兄兄弟弟夫夫婦婦六親

和睦。交相愛樂。而家道正。正家而天下定矣。故王假有家則勿恤而吉。(假)更白反　象曰。王假有家。交相愛也。上九有孚威如。終吉。處家人之終。居家道之成。刑于寡妻以著于外者也。故曰有孚。凡物以猛爲本者。則患在寡恩。以愛爲本者。則患在寡威。故家人之道。尚威嚴也。家道可終。唯信與威。身得威敬。人亦如之。反之於身。則知施於人也。象曰。威如之吉。反身之謂也。

☲☱ 兑下離上　睽。小事吉。彖曰。睽。火動而上。澤動而下。二女同居。其志不同行。說而麗乎明。柔進而上行。得中而應乎剛。是以小事吉事皆相違。害之道也。何由得小事吉。以有此三德也。○睽苦圭反。上時掌反。下同。說音悅天地睽而其事同也。男女睽而其志通也。萬物睽而其事類也。睽之時用大矣哉睽離之時。非小人之所能用也象曰。上火下澤。睽。君子以同而異同於通理。異於職事初九。悔亡。喪馬勿逐自復。見惡人。无咎處睽之初。居下體之下。无應獨立。悔也。與四合志。故得悔亡。馬者必顯之物。處物之始。乖而喪其馬。物莫能同。其私。必相顯也。故勿逐而自復也。時方乖離。而位乎窮下。上无應可援。下无權可恃。顯德自異。爲惡所害。故見惡人。乃得免咎也。○（喪）息浪反 象曰。見惡人。以辟咎也。九二。遇主于巷。无咎。處睽失位。將无所安。然五亦失位。俱求其黨。出門同趣。不期而遇。故曰遇主于巷也。處睽得援。雖失其位。未失道也。○（辟）音避（巷）戶絳反 象曰。遇主于巷。未失道也。六三。見輿曳。其牛掣。其人天且劓。无初有終。凡物近而不相得則凶。處睽之時。履非其位。以陰居陽。以柔乘剛。志在於上而不和於四。二應於五。則近而不相比。故見輿曳。輿曳者。履非其位。失所載也。其牛掣者。滯隔所在。不獲進也。其人天且劓者。四從上取。二從下取。而應在上九。執志不回。初雖受困。終獲剛助。○（曳）以制魚器反。截鼻也。象曰。見輿曳。位不當也。无初有終。遇剛也。九四。睽孤。遇元夫。交孚。厲无咎。

反。掔昌逝反。劓

无應獨處。五自應二。三與己睽。故曰睽孤也。初亦无應。特立。處睽之時。俱在獨立。同處體下。同志者也。而已失位。比於三五。皆與己乖。處无所安。故求其疇類而自託焉。故曰遇元夫也。同志相得而无疑焉。故曰交孚也。雖在乖隔。志故得行。故雖危无咎。○夫如字。象曰。交孚无咎。志行也。六五。悔亡。厥宗噬膚。往何咎。

非位。悔也。有應。故亡。厥宗。謂二也。噬膚者。齧柔也。三雖比二。二之所噬。非妨己應者也。以斯而往。何咎之有。往必合也。○噬市制反。象曰。厥宗噬膚。往有

睽

有慶也上九睽孤見豕負塗載鬼一車先張之弧後說之弧匪寇婚媾往遇雨則吉處睽之極。睽道未通。故曰睽孤。已居炎極。三處澤盛。睽之極也。以文明之極。而觀至穢之物。睽之甚也。豕而負塗。穢莫過焉。至睽將合。至殊將通。恢詭譎怪。道將爲一。未至於洽。先見殊怪。故見豕負塗。甚可穢也。見鬼盈車。吁可怪也。先張之弧。將攻害也。後說之弧。睽怪通也。四剠其應。故爲寇也。睽志將通。匪寇婚媾。往不失時。睽疑亡也。貴於遇雨。和陰陽也。陰陽既和。羣疑亡也。○弧音胡說吐活反媾古豆反譎古穴反剠其京反象曰遇雨之吉羣疑亡也䷦艮下坎上蹇。利西南。不利東北。西南。地也。東北。山也。以難之平則難解。以難之山則道窮。○蹇紀免反難乃旦反。卦內及解卦皆同。解音蟹。上六註同利見大人。往則濟也貞吉。爻皆當位。各履其正。正邦之道也。正道未否。難由正濟。故貞吉也。遇難失正。吉可得乎。○否備鄙反彖曰。蹇。難也。險在前也。見險而能止。知矣哉。蹇利西南。往得中也。不利東北。其道窮也。利見大人。往有功也。當位貞吉。以正邦也。蹇之時用大矣哉。蹇難之時。非小人之所能用也。○知音智象曰。山上有水。蹇。山上有水。蹇難之象君子以反身脩德除難莫若反身脩德初六往蹇來譽處難之始。居止之初。獨見前識。覩險而止。以待其時。知矣哉。故往則遇蹇來則得譽象曰往蹇來譽宜待也六二王臣蹇蹇匪躬之故處難之時。履當其位。居不失中。以執心不回。志匡王室者也。故曰。王臣蹇蹇。匪躬之故。履中行義。以存其上。處蹇以此。未見其尤也象曰王臣蹇蹇終无尤也九三往蹇來反進則入險。來則得位。故曰往蹇來反。爲下卦之主。是內之所恃也象曰往蹇來反內喜之也六四往蹇來連往則无應。來則乘剛。

往來皆難，故曰往蹇來連。得位履正，當其本實。雖遇於難，非安所招也。○連，力善反。鄭如字。

象曰：往蹇來連，當位實也。

九五：大蹇朋來。處難之時，獨在險中，難之大者也，故曰大蹇。然居不失正，履不失中，執德之長，不改其節，如此則同志者集而至矣，故曰朋來也。

象曰：大蹇朋來，以中節也。

上六：往蹇來碩，吉，利見大人。往則長難，來則難終。難終則衆難皆濟，志大得矣，故曰往蹇來碩，吉。險夷難解，大道可興，故曰利見大人也。○長，丁丈反。

象曰：往蹇來碩，志在內也。有應在內，往則失之，來則志獲，志在內也。利見大人，以從貴也。

䷧ 坎下震上 解。利西南，西南，衆也。解難濟險，利施於衆也。亦不困于東北，故不言不利東北也。（解）音蟹 无所往，其來復吉；有攸往，夙吉。未有善於解難而迷於處安也。解之爲義，解難而濟厄者也。无難可往，以解來復，則不失中；有難而往，則以速爲吉也。无難則能復其中，有難則能濟其厄也。彖曰：解，險以動，動而免乎險，解。動乎險外，故謂之免。免險則解，故謂之解。解利西南，往得衆也。其來復吉，乃得中也。有攸往夙吉，往有功也。天地解而雷雨作，雷雨作而百果草木皆甲坼。天地否結則雷雨不作，交通感散，雷雨乃作也。雷雨之作，則險厄者亨。否結者散。故百果草木皆甲坼也。○坼，勑宅反。否，備鄙反。**解之時大矣哉**无所而不釋也。難解之時，非治難時，故不言用。體盡於解之名，无有幽隱，故不曰義。**象曰：雷雨作，解。君子以赦過宥罪。初六：无咎。**解者，解也。屯難盤結，於是乎解也。處蹇難始解之初，在剛柔始散之際，將赦罪厄，以夷其險。處此之時，不煩於位而无咎也。**象曰：剛柔之際，義无咎也。**或有過咎，非其理也。義猶理也。**九二：田獲三狐，得黃矢，貞吉。**狐者，隱伏之物也。剛中而應，為五所任，處於險中，知險之情，以斯解物，能獲隱伏也。故曰田獲三狐也。黃，理中之稱也。矢，直也。田而獲三狐，得乎理中之道。不失枉直之實。能全其正者也。故曰田獲三狐。得黃矢貞吉也。○解佳買反。凡解難解而解其同**象曰九二貞吉。得中道也。六三負且乘。致寇至。貞吝。**處非其位。履非其正。以附於四。用夫柔邪以自媚者也。乘二負四。以容其身。寇之來也。自己所致。雖幸而免。正之所賤也。○乘如字。王繩證反**象曰負且乘。亦可醜也。自我致戎。又誰咎也。九四解而拇。朋至斯孚。**失位不正。而比於三。故三得附之爲其拇也。三爲之拇。則失初之應。故解其拇。然後朋至而信矣。○拇茂后反**象曰解而拇。未當位也。六五君子維有解。吉。有孚于小人**

居尊履中而應乎剛，可以有解而獲吉矣。以君子之道解難釋險，小人雖闇，猶知服之而无怨矣。故曰有孚于小人也。○維，有解音蟹。

象曰：君子有解，小人退也。上六，公用射隼于高墉之上，獲之，无不利。初爲四應，二爲五應，三不應上，失位負乘，處下體之上，故曰高墉。墉非隼之所處，高非三之所履，上六居動之上，爲解之極，將解荒悖而除穢亂者也。故用射之，極而後動，成而後舉，故必獲之而无不利也。象曰：公用射隼，以解悖也。○射，食亦反。隼，荀尹反。墉，音容。解，佳買反。

損 ☶☱ 兑下艮上 損：有孚，元吉，无咎，可貞，利有攸往。

曷之用二簋可用享彖曰損損下益上其道上行艮爲陽兌爲陰凡陰順於陽者也陽止於上陰說而順損下益上上行之義也○（損）孫本反（簋）音軌（享）香兩反（上）行時掌反凡上行皆同損而有孚元吉无咎可貞利有攸往損之爲道損下益上損剛益柔也損下益上非補不足也損剛益柔非長君子之道也爲損而可以獲吉其惟有孚乎損而有孚則元吉无咎而可正利有攸往矣損剛益柔不以消剛損下益上不以盈上損剛而不爲邪益上而不爲諂則何咎而可正雖不能拯濟大難以斯有往物无距也○（長）丁丈反曷之用曷辭也曷之用言何用豐爲也二簋可用享二簋質薄之器也行損以

信。雖二簋而可用享**二簋應有時**至約之道。不可常也**損剛益柔有時**下不敢剛。貴於上行。損剛益柔之謂也。剛爲德長。損之不可以爲常也**損益盈虛與時偕行**自然之質。各定其分。短者不爲不足。長者不爲有餘。損益將何加焉。非道之常。故必與時偕行也

象曰。山下有澤損山下有澤。損之象也**君子以懲忿窒欲**可損之善。莫善忿欲也。○懲直升反　忿芳粉反　窒珍栗反

初九。已事遄往。无咎。酌損之損之爲道。損下益上。損剛益柔。以應其時者也。居於下極。損剛奉柔則不可以逸。處損之始。則不可以盈。事已則往。不敢宴安。乃獲无咎也。剛以奉柔。雖免乎咎。猶未親也。故旣獲无咎。復自

酌損。乃得合志也。遄，速也。○已音以。遄市專反。**象曰。已事遄往。尚合志也。**尚合於志。故速往也。**九二。利貞。征凶。弗損益之。**柔不可全益。剛不可全削。下不可以无正。初九已損剛以順柔。九二履中。而復損己以益柔。則剝道成焉。故不可遄往而利貞也。進之乎柔則凶矣。故曰征凶也。故九二不損而務益。以中為志也。**象曰。九二利貞。中以為志也。六三。三人行則損一人。一人行則得其友。**損之為道。損下益上。其道上行。三人。謂自六三已上三陰也。三陰並行。以承於上。則上失其友。內无其主。名之曰益。其實乃損。故天地相應。乃得化醇。男女匹配。乃得化生。陰陽不對。生可得乎。故六三獨行。

乃得其友。三陰俱行。則必疑矣。象曰。一人行。三則疑也。六四。損其疾。使遄有喜。无咎。履得其位。以柔納剛。能損其疾也。疾何可久。故速乃有喜。損疾以離其咎。有喜乃免。故使速乃有喜。有喜乃无咎也。○離力智反

象曰。損其疾。亦可喜也。六五。或益之十朋之龜。弗克違。元吉。以柔居尊而爲損道。江海處下。百谷歸之。履尊以損。則或益之矣。朋。黨也。龜者。決疑之物也。陰非先唱。柔非自任。尊以自居。損以守之。故人用其力。事竭其功。知者慮能。明者慮策。弗能違也。則衆才之用盡矣。獲益而得十朋之龜。足以盡天人之助也。

象曰。六五元吉。自上祐也。上九。弗損。

益之。无咎。貞吉。利有攸往。得臣无家 處損之終。上无所奉。損終反益。剛德不損。乃反益之。而不憂於咎。用正而吉。不制於柔。剛德遂長。故曰弗損益之。无咎貞吉利有攸往也。居上乘柔。處損之極。尚夫剛德。爲物所歸。故曰得臣。得臣則天下爲一。故无家也 象曰。弗損益之。大得志也

䷩ 震下巽上 益。利有攸往。利涉大川。彖曰。益。損上益下。民說无疆 震。陽也。巽。陰也。巽非違震者也。處上而巽。不違於下。損上益下之謂也。 自上下下。其道大光。利

說音悅 疆居良反

有攸往。中正有慶 五處中正。自上下下。故有慶也。以中正有慶之德。有

攸往也。何適而不利哉。下上遐嫁反。下如字。注同。下利涉大川。木道乃行。木者以涉大川爲常而不溺者也。以益涉難。同乎木也。益動而巽。日進无疆。天施地生。其益无方。損上益下。施始豉反。凡益之道。與時偕行。益之爲用。施未足也。滿而益之。害之道也。故凡益之道。與時偕行也。象曰。風雷。益。君子以見善則遷。有過則改。遷善改過。益莫大焉。初九。利用爲大作。元吉。无咎。處益之初。居動之始。體夫剛德。以莅其事。而之乎巽。以斯大作。必獲大功。夫居下非厚事之地。在卑非任重之處。大作非小功所濟。故元吉乃得无咎也。象曰。元吉无咎。下不厚事也。時可以大作。而下不可以厚事。得其時而无其處。故元吉乃得无咎也。六二。或益之十朋之龜。弗克違。永貞吉。王用享于帝吉。以柔居中而得其位。處內履中。居益以沖。益自外來。不召自至。不先不爲。則朋龜獻策。同於損卦六五之位。位不當尊。故吉在永貞也。帝者生物之主。興益之宗。出震而齊巽者也。六二居益之中。體柔當位而應於巽。享帝之美。在此時也。○象曰。或益之。自外來也。六三。益之用凶事。无咎。有孚中行。告公用圭。以陰居陽。求益者也。故曰益之。益不外來。已自爲之。物所不與。故在謙則戮。救凶則免。以陰居陽。處下卦

享香兩反

之上壯之甚也用救衰危物所恃也故用凶事乃得无咎也若能益不爲私志在救難壯不至亢不失中行以此告公國主所任也用圭之禮備此道矣故曰有孚中行告公用圭也公者臣之極也凡事足以施天下則稱王次天下之大者則稱公六三之才不足以告王足以告公而得用圭也故曰中行告公用圭也**象曰益用凶事固有之也**用施凶事乃得固有之也**六四中行告公從利用爲依遷國**居益之時處巽之始體柔當位在上應下卑不窮下高不處亢位雖不中用中行者也以斯告公何有不從以斯依遷誰有不納也**象曰告公從以益志也**志得益也**九五有孚惠心勿問元吉有**

孚惠我德得位履尊。爲益之主者也。爲益之大。莫大於信。爲惠之大。莫大於心。因民所利而利之焉。惠而不費。惠心者也。信以惠心。盡物之願。故不待問而元吉有孚惠我德也。以誠惠物。物亦應之。故曰有孚惠我德也象曰。有孚惠心。勿問之矣。惠我德。大得志也。上九。莫益之。或擊之。立心勿恒。凶處益之極。過盈者也。求益无已。心无恒者也。无厭之求。人弗與也。獨唱莫和。是偏辭也。人道惡盈。怨者非一。故曰或擊之也。厭於鹽反象曰。莫益之。偏辭也。或擊之。自外來也

周易卷第四

周易卷四考證

損初九註不可寔安○可字今本俱作敢案王弼注謂損剛奉柔不可以逸處損之始不可以盈事已則往不可寔安三不可字遞著垂戒之義元熊良輔周易集成亦謂事既已往不可後與垂戒意合今本作不敢則文義轉疎

益六三註國主所任○諸本國主作國王案下注云事足以施天下則稱王次天下之大者則稱公疏中明言公必任之以救衰危之事既曰公任豈得稱王况繫之以國亦顯然次於天下者後人改宋版主字作

王字誤矣

周易下經夬傳第五

王弼註

䷪ 乾下兌上 夬揚于王庭孚號有厲告自邑不利即戎利有攸往夬與剥反者也剥以柔變剛至於剛幾盡夬以剛決柔如剥之消剛剛隕則君子道消柔消則小人道隕君子道消則剛正之德不可得直道而用刑罰之威不可得坦然而行揚于王庭其道公也○夬古快反幾音祈彖曰夬決也剛決柔也健而說決而和健而說則決而和矣○決古穴反說音悅揚于王庭柔乘五剛也剛德齊長一柔為逆

衆所同誅而无忌者也。故**孚號有厲其危乃**可揚于王庭。○長丁丈反**光也**剛正明信以宣其令。則柔邪者危。故曰其危乃光也。**告自邑不利即戎所尚乃窮也**以剛斷制。告令可也。告自邑。謂行令於邑也。用剛即戎。尚力取勝也。尚力取勝。物所同疾也。**利有攸往剛長乃終也**剛德愈長。柔邪愈消。故利有攸往。道乃成也。**象曰澤上於天夬君子以施祿及下居德則忌**澤上於天。夬之象也。澤上於天。必來下潤。施祿及下之義也。夬者。明法而決斷之象也。忌。禁也。法明斷嚴。不可以慢。故居德以明禁也。施而能嚴。嚴而能施。健而能說。決而能和。美之道也。○上時掌反 施始豉反 **初**

九壯于前趾往不勝為咎居健之初為決之始宜審其策以行其事壯其前趾往而不勝宜其咎也象曰不勝而往咎也不勝之理在往前也九二惕號莫夜有戎勿恤居健履中以斯決事能審己度而不疑者也故雖有惕懼號呼莫夜有戎不憂不惑故勿恤也惕勑歷反號戶羔反呼火故反莫音暮象曰有戎勿恤得中道也九三壯于頄有凶君子夬夬獨行遇雨若濡有愠无咎頄面權也謂上六也最處體上故曰權也剝之六三以應陽為善夫剛長則君子道興陰盛則小人道長然則處陰長而助陽則善處剛長而助柔則凶矣夬為剛長而三獨

應上六助於小人是以凶也。君子處之必能棄夫情累決之不疑故曰夬夬也。若不與衆陽爲羣而獨行殊志應於小人則受其困焉。遇雨若濡有恨而无所咎也。○頄求龜反又音求 濡而朱反 慍紆運反 象曰：君子夬夬，終无咎也。九四：臀无膚，其行次且，牽羊悔亡，聞言不信。下剛而進。非己所據必見侵傷失其所安故臀无膚其行次且也。羊者牴很難移之物謂五也。五爲夬主非下所侵若牽於五則可得悔亡而已。剛亢不能納言自任所處聞言不信以斯而行凶可知矣。○臀徒敦反 次本亦作趑七私反 且本亦作趄七餘反 象曰：其行次且，位不當也。聞言不信，聰不明也。同於噬嗑滅耳

之凶

九五莧陸夬夬中行无咎莧陸草之柔脃者也決之至易故曰夬夬也夬之爲義以剛決柔以君子除小人者也而五處尊位最比小人躬自決者也以至尊而敵至賤雖其克勝未足多也處中而行足以免咎而已未足光也○莧閑辨反又胡練反一本作莞華板反脃七歲反象曰中行无咎中未光也

上六无號終有凶處夬之極小人在上君子道長衆所共棄故非號咷所能延也象曰无號之凶終不可長也○咷徒刀反

☰☴ 巽下乾上

姤女壯勿用取女彖曰姤遇也柔遇剛也施之於人即女遇男也一女而遇五男爲壯至甚故不可取也○姤古豆

反取七喻反下同勿用取女。不可與長也。天地相遇。品物咸章也匹乃功成也剛遇中正。天下大行也化乃大行也姤之時義大矣哉凡言義者。不盡於所見。中有意謂者也象曰。天下有風。姤。后以施命誥四方。初六。繫于金柅。貞吉。有攸往見凶。羸豕孚蹢躅金者堅剛之物。柅者制動之主。謂九四也。初六處遇之始。以一柔而承五剛。體夫躁質。得遇而通。散而无主。自縱者也。柔之為物。不可以不牽。臣妾之道。不可以不貞。故必繫于正應。乃得貞吉也。若不牽于一而有攸往。行則唯凶是見矣。羸豕謂牝豕也。羣豕之中。豭強而牝弱。故謂之羸豕也。孚猶務躁也。夫陰質而躁恣者。羸豕特甚焉。言以不貞之陰。失其所牽其爲淫醜。若羸豕之孚務蹢躅也。○(誥)古報反。鄭作詰。起一反。(柅)乃履反。(羸)劣隨反。(蹢)直戟反。(躅)直錄反。(牝)頻忍反。

象曰。繫于金柅。柔道牽也。

九二。包有魚。无咎。不利賓。初陰而窮下。故稱魚。不正之陰。處遇之始。不能逆近者也。初自樂來應己之廚。非爲犯奪。故无咎也。擅人之物以爲己惠。義所不爲。故不利賓也。○(包)白交反。下同。鄭百交反。

象曰。包有魚。義不及賓也。

九三。臀无膚。其行次且。厲。无大咎。處下體之極。而二據於初。不爲己乘。居不獲安。行无其應。不能牽據以固所處。故曰臀无膚。其行次且也。然履得其位。非爲安處。不遇其時。故使危厲。災非己招。是以无大咎也。**象曰。其行次且。行未牽也。九四。包无魚。起凶。**二有其魚。故失之也。无民而動。失應而作。是以凶也。**象曰。无魚之凶。遠民也。九五。以杞包瓜。含章。有隕自天。**杞之爲物。生於肥地者也。包瓜爲物。繫而不食者也。九五履得尊位而不遇其應。得地而不食。含章而未發。不遇其應。命未流行。然處得其所。體剛居中。志不舍命。不可傾隕。故曰有隕自天也。○遠袁萬反。杞音起。苟杞。馬云大木。鄭云柳。**象曰。九五含章。中正也。有隕自天。志不舍命也。上九。姤其角。吝。无咎。**進之於極。无所復遇。

遇角而已。故曰姤其角也。進而无遇。獨恨而已。不與物爭。其道不害。故无凶咎也。○舍音捨。下同 復扶又反

象曰姤其角上窮吝也

䷬坤下兌上

萃亨 聚乃通也。○萃在季反 **王假有廟** 假至也。王以聚至有廟也○假更白反 **利見大人亨利貞** 聚得大人。乃得通而利正也 **用大牲吉** 全夫聚道。用大牲乃吉也。聚道不全而用大牲。神不福也 **利有攸往彖曰萃聚也順以說剛中而應故聚也** 但順而說。則邪佞之道也。剛而違於中應。則強亢之德也。何由得聚。順說而以剛爲主。主剛而履中。履中以應。故得聚也。○說音悅 **王假有廟致孝享**

也全聚乃得致孝之享也利見大人亨。聚以正也大人體中正者也。通聚以正。聚乃得全也用大牲吉。利有攸往。順天命也順以說而不損剛。順天命者也。天德剛而不違中。順天則說。而以剛爲主也觀其所聚。而天地萬物之情可見矣方以類聚。物以羣分。情同而後乃聚。氣合而後乃羣象曰。澤上於地。萃。君子以除戎器。戒不虞。聚而无防。則衆生心（上）時掌反（除）如字初六。有孚不終。乃亂乃萃。若號。一握爲笑。勿恤。往。无咎有應在四而三承之。心懷嫌疑。故有孚不終也。不能守道以結至好。迷務競爭。故乃亂乃萃也。一握者。小之貌也。爲笑者。懊劣之貌也。已爲正妃。三以近寵。若安夫卑退。謙以自牧。則勿恤而往无咎也。○號戶報反。鄭戶羔反　握烏學反　好呼報反　懊乃亂反　妃音配

象曰乃亂乃萃。其志亂也。六二。引吉无咎。孚乃利用禴。居萃之時。體柔當位。處坤之中。己獨處正。與衆相殊。異操而聚。民之多僻。獨正者危。未能變體以遠於害。故必見引。然後乃吉而无咎也。禴。殷春祭名也。四時祭之省者也。居聚之時。處於中正。而行以忠信。故可以省薄薦於鬼神也。○禴羊略反　遠袁萬反　省生領反

象曰引吉无咎。中未變也。六三。萃如嗟如。无攸利。往无咎。小吝。履非其位。以比於四。四亦失位。不正

相聚。相聚不正。患所生也。干人之應。害所起
也。故萃如嗟如无攸利也。上六亦无應而獨
立。處極而憂危。思援而求朋。巽以待物者也。
與其萃於不正。不若之於同志。故可以往而
无咎也。二陰相合。猶不若一
陰一陽之應。故有小吝也
象曰往无咎上巽也九四大吉无咎
履非其位而下據三陰。
得其所據。失其所處。處
聚之時。不正而據。故必大
吉。立夫大功。然後无咎也
象曰大吉无咎位不當也九五萃有位无咎匪孚元永貞悔亡
處聚之時。最得盛位。故曰萃有位也。四專而
據。已德不行。自守而已。故曰无咎匪孚。夫脩
仁守正。久必悔消。
故曰元永貞悔亡
象曰萃有位志未光也上

上六。齎咨涕洟。无咎。處聚之時。居於上極。五非所乘。內无應援。處上獨立。近遠无助。危莫甚焉。齎咨。嗟歎之辭也。若能知危之至。懼禍之深。憂病之甚。至于涕洟。不敢自安。亦衆所不害。故得无咎也。（齎）將池反。王肅將啼反。（咨）音諮。（涕）音體。（洟）他麗反。又音夷

象曰。齎咨涕洟。未安上也

☷
☴ 巽下坤上

升。元亨。用見大人。勿恤。巽順可以升。陽爻不當尊位。无嚴剛之正。則未免於憂。故用見大人。乃勿恤也。南征吉。以柔之南。則麗乎大明也

彖曰。柔以時升。柔以其時。乃得升也。巽而順。剛中而應。是以大亨。純柔則不能自升。剛亢則物不從。既以時升。又巽而順。剛

中而應以此而升故得大亨用見大人勿恤有慶也南征吉志行也巽順以升至于大明志行之謂也象曰地中生木升君子以順德積小以高大初六允升大吉允當也巽卦三爻皆升者也雖无其應處升之初與九二九三合志俱升當升之時升必大得是以大吉也象曰允升大吉上合志也九二孚乃利用禴无咎與五爲應往必見任體夫剛德進不求寵閑邪存誠志在大業故乃利用納約于神明矣象曰九二之孚有喜也九三升虛邑履得其位以陽升陰以斯而舉莫之違距故若升虛邑也○虛如字徐去

餘反 象曰升虛邑无所疑也往必得也 六四王用亨于岐山吉无咎處升之際下升而進可納而不可距也距下之進攘來自專則殃咎至焉若能不距而納順物之情以通庶志則得吉而无咎矣岐山之會順事之情无不納也 ○岐其宜反 象曰王用亨于岐山順事也 六五貞吉升階升得尊位體柔而應納而不距任而不專故得貞吉升階而尊也 象曰貞吉升階大得志也 上六冥升利于不息之貞處升之極進而不息者也進而不息故雖冥猶升也故施於不息之正則可用於爲物之主則喪矣終於不息消之道也 ○冥覓經反 喪息浪反 象曰

冥升在上。消不富也。勞不可久也

䷮ 坎下兌上 困亨。窮必通也。處窮而不能自通者。小人也 貞大人吉无咎。處困而得无咎。吉乃免也 有言不信。彖曰。困剛揜也。○剛見揜於柔也 揜於檢反 險以說。困而不失其所亨。處險而不改其說。困而不失其所亨也。○說音悅 其唯君子乎。貞大人吉。以剛中也。處困而用剛。不失其中。履正而能體大者也。能正而不能大愽。未能濟困者也。故曰貞大人吉也 有言不信。尚口乃窮也。處困而言。不見信之時也。非行言之時。而欲用言以免。必窮者也。其吉在於貞大人。口何

困

爲乎。**象曰。澤无水。困。君子以致命遂志。**澤无水。則水在澤下。水在澤下。困之象也。處困而屈其志者。小人也。君子固窮。道可忘乎。**初六。臀困于株木。入于幽谷。三歲不覿。**最處底下。沈滯卑困。居无所安。故曰臀困于株木也。欲之其應。二隔其路。居則困于株木。進不獲拯。必隱遯者也。故曰入于幽谷也。困之爲道。不過數歲者也。以困而藏。困解乃出。故曰三歲不覿。○臀徒敦反 株張愚反 覿大歷反 遯徒困反 **象曰。入于幽谷。幽不明也。**言幽者。不明之辭也。入于不明。以自藏也。**九二。困于酒食。朱紱方來。利用享祀。征凶。无咎。**以陽居陰。尚謙者也。居困之時。處得其中。

體夫剛質。而用中履謙。應不在一。心无所私。盛莫先焉。夫謙以待物。物物之所歸。剛以處險。難之所濟。履中則不失其宜。无應則心无私恃。以斯處困。物莫不至。不勝豐衍。故曰困于酒食。美之至矣。坎。北方之卦也。朱紱。南方之物也。處困以斯。能招異方者也。故曰朱紱方來也。豐衍盈盛。故利用享祀。盈而又進。傾之道也。以此而征。凶誰咎乎。故曰征凶无咎。○紱音弗。下同　享許兩反

象曰。困于酒食。中有慶也。六三。

困于石。據于蒺蔾。入于其宮。不見其妻。凶。石之爲物。堅而不納者也。謂四也。三以陰居陽。志武者也。四自納初。不受已者也。二非所據。剛非所乘。上比困石。下據蒺蔾。无應而入。焉得配耦。在困處斯。凶其宜也。○蒺音疾　蔾音黎

象曰據于蒺藜乘剛也入于其宮不見其妻不祥也九四來徐徐困于金車吝有終（金車謂二也二剛以載者也故謂之金車徐徐者疑懼之辭也志在於初而隔於二履不當位威命不行棄之則不能欲往則畏二故曰來徐徐困于金車也有應而不能濟之故曰吝也然以陽居陰履謙之道量力而處不與二爭雖不當位物終與之故曰有終也）象曰來徐徐志在下也（下謂初也）雖不當位有與也九五劓刖困于赤紱乃徐有說利用祭祀（以陽居陽任其壯者也不能以謙致物物則不附忿物不附而用其壯猛行其威刑異方愈乖遐邇

乾隆四十八年

愈叛。刑之欲以得，乃益所以失也。故曰劓刖困于赤紱也。二以謙得之，五以剛失之。體在中直，能不遂迷，困而後能用其道者也。致物之功，不在於暴，故曰徐也。困而後乃徐，徐則有說矣，故曰困于赤紱，乃徐有說也。祭祀所以受福也。履夫尊位，困而能改，不遂其迷，以斯祭祀，必得福焉，故曰利用祭祀也。（劓）魚器反。（刖）五刮反，又音月。

象曰：劓刖，志未得也。乃徐有說，以中直也。利用祭祀，受福也。

上六：困于葛藟，于臲卼，曰動悔有悔，征吉。居困之極而乘於剛，下无其應，行則愈繞者也。行則纏繞，居不獲安，故曰困于葛藟，于臲卼也。下句无困，因於上也。處困之極，行无通路，居无所安，困之至也。凡物窮則思變，困則謀通。處至困之地。用謀之時也。曰者。思謀之辭也。謀之所行。有隙則獲。言將何以通至困乎。曰動悔令生有悔。以征則濟矣。故曰動悔有悔征吉也。○藟力軌反。鯢五結反。王肅妍喆反。卼五骨反。又音月

象曰困于葛藟未當也 所處未當故致此困也 **動悔有悔吉行也**

䷯ 巽下坎上 **井改邑不改井** 井以不變爲德者也。○井精領反 **无喪无得** 德有常也。○喪息浪反 **往來井井** 不渝變也 **汔至亦未繘井** 已來至而未出井也。○汔許訖反。王其乞反。繘音橘。汲水索也。又其律反 **羸其瓶凶** 井道以已出爲功也。幾至而覆。與未汲同也。○羸律悲反。瓶白

經反彖曰巽乎水而上水。井音舉上之上。時掌反。下皆同(上)

井養而不窮也。改邑不改井。乃以剛中也。以剛處中。故能定居其所而不變也。〇(養)如字汔至亦未繘井。未有功也。井以已成為功羸其瓶。是以凶也。象曰。木上有水。井。木上有水。井之象也。上水以養。養而不窮者也。君子以勞民勸相。相猶助也。可以勞民勸助。莫若養而不窮也。〇(勞)力報反(相)息亮反

初六。井泥不食。舊井无禽。最在井底。上又无應。沈滯滓穢。故曰井泥不食也。井泥而不可食。則是久井不見渫治者也。久井不見渫治。禽所不嚮。而況人乎。一時所共棄舍也。

井

井者不變之物。居德之地。恒德至賤。物无取也。泥，乃計反。舍，上聲。下同。象曰：井泥不食，下也。舊井无禽，時舍也。九二：井谷射鮒，甕敝漏。谿谷出水，從上注下，水常射焉。井之爲道，以下給上者也。而无應於上，反下與初，故曰井谷射鮒。鮒謂初也。失井之道，水不上出而反下注，故曰甕敝漏也。夫處上宜下，處下宜上。井已下矣，而復下注，其道不交，則莫之與也。谷，古木反，又音浴。射，食亦反，徐食夜反。鮒，音附。甕，屋送反。敝，婢世反。象曰：井谷射鮒，无與也。九三：井渫不食，爲我心惻，可用汲。王明，竝受其福。渫，不停污之謂也。處下卦之上，履得其位，而應於上，得井之義也。當井之義而不見食。脩已全潔而不見用。故爲我心惻也。爲猶使也。不下注而應上。故可用汲也。王明則見照明。既嘉其行。又欽其用。故曰王明竝受其福也。○渫息列反。徐食列反。惻音測。汲音急。行下孟反。下同。**象曰：井渫不食，行惻也。**行感於誠。故曰惻也。**求王明，受福也。六四：井甃，无咎。**得位而无應。自守而不能給上。可以修井之壞。補過而已。○甃側舊反。**象曰：井甃无咎，脩井也。九五：井洌，寒泉食。**洌，潔也。居中得位。體剛不撓。不食不義。中正高潔。故井洌寒泉。然後乃食也。○洌音列。**象曰：寒泉之食，中正也。上六：井收勿幕，有孚元吉。**處井上極。水已出井。井功大成。

在此爻矣。故曰井收也。羣下仰之以濟。淵泉由之以通者也。幕猶覆也。不擅其有。不私其利。則物歸之。往无窮矣。故曰勿幕有孚元吉也。○收詩救反。又如字。幕音莫**象曰。元吉在上。大成也。**

☱☲ 離下兌上 **革。巳日乃孚。元亨。利貞。悔亡。**夫民可與習常。難與適變。可與樂成。難與慮始。故革之爲道。即日不孚。巳日乃孚也。孚然後乃得元亨利貞悔亡也。巳日而不孚。革不當也。悔吝之所生。生乎變動者也。革而當。其悔乃亡也。

彖曰。革。水火相息。二女同居。其志不相得。曰革。凡不合而後乃變生。變之所生。生於不合者也。故取不合之象以爲革也。息者。生變之謂也。火欲上而澤欲下。水火相戰而後生變者也。二女同居而有水火之性。近而不相得也。○息如字巳日乃孚。革而信之。文明以說。大亨以正。革而當。其悔乃亡。夫所以得革而信者。文明以說也。文明以說。履正而行。以斯爲革。應天順民。大亨以正者也。革而大亨以正。非當如何。○說音悅天地革而四時成。湯武革命。順乎天而應乎人。革之時大矣哉。象曰。澤中有火。革。君子以治歷明時。歷數時會。存乎變也。初九。鞏用黃牛之革。在革之始。革道未成。固夫常中。未能應變者也。此可以守成。不可以有爲也。鞏。固也。黃。中也。牛

之革。堅韌不可變也。固之所用常中。堅韌不肯變也。○鞏九勇反

象曰。鞏用黃牛。不可以有爲也。六二。巳日乃革之。征吉无咎。

陰之爲物。不能先唱。順從者也。不能自革。革巳乃能從之。故曰巳日乃革之也。二與五雖有水火殊體之異。同處厥中。陰陽相應。往必合志。不憂咎也。是以征吉而无咎。

象曰。巳日革之。行有嘉也。九三。征凶貞厲。革言三就。有孚。

巳處火極。上卦三爻。雖體水性。皆從革者也。自四至上。從命而變。不敢有違。故曰革言三就。其言實誠。故曰有孚。革言三就有孚。而猶征之。凶其宜也。○行如字。又下孟反

象曰。革言三就。又何之矣。九四。悔

亡有孚改命吉初九處下卦之下。九四處上卦之下。故能變也。无應悔也。與水火相比。能變者也。是以悔亡。處水火之際。居會變之始。能不固吝。不疑於下。信志改命。不失時願。是以吉也。有孚則見信矣。見信以改命。則物安而无違。故曰悔亡有孚改命吉也。處上體之下。始宣命也。象曰。改命之吉。信志也。信志而行。九五。大人虎變。未占有孚。未占而孚。合時心也。象曰。大人虎變。其文炳也。上六。君子豹變。小人革面。居變之終。變道已成。君子處之。能成其文。小人樂成。則變面以順上也。○炳兵領反征凶。居貞吉。改命創制。變道已成。功成則事損。事損則无爲。故居則得正而吉。征

則躁擾而凶也象曰君子豹變其文蔚也小人革面順以從君也。（蔚）音尉。又紆弗反

䷱ 巽下離上 鼎元吉亨革去故而鼎取新。取新而當其人。易故而法制齊明。吉然後乃亨。故先元吉而後亨也。鼎者成變之卦也。革既變矣。則制器立法以成之焉。變而无制。亂可待也。法制應時。然後乃吉。賢愚有別。尊卑有序。然後乃亨。故先元吉而後乃亨。（鼎）丁冷反彖曰鼎象也法象也以木巽火亨飪也亨飪。鼎之用也。（亨）普庚反。下並同（飪）入甚反。徐而鴆反聖人亨以享上帝而大亨以養聖賢亨者。鼎之所爲也。革去故而鼎成新。故爲

亨飪調和之器也。去故取新。聖賢不可失也。飪。孰也。天下莫不用之。而聖人用之。乃上以亨上帝。而下以大亨養聖賢也。○亨香兩反

巽而耳目聰明聖賢獲養。則已不爲而成矣。故巽而耳目聰明也

柔進而上行。得中而應乎剛。是以元亨。謂五也。有斯二德。故能成新。獲大亨也。○上時掌反

象曰。木上有火。鼎。君子以正位凝命。凝者。嚴整之貌也。鼎者取新成變者也。革去故而鼎成新。正位者。明尊卑之序也。凝命者。以成教命之嚴也。○凝魚承反

初六。鼎顛趾。利出否。得妾以其子。无咎。凡陽爲實而陰爲虛。鼎之爲物。下實而上虛。而今陰在下。則是爲覆鼎也。鼎覆則趾倒矣。

否。謂不善之物也。取妾以爲室主。亦顚趾之義也。處鼎之初。將拄納新。施顚以出穢。得妾之以爲子。故无咎也。○顚丁田反趾音止出尺遂反。或如字否悲巳反。下同覆芳目反倒丁老反

象曰鼎顚趾。未悖也倒以寫否故未悖也。○悖必內反利出否以從貴也棄穢以納新也

九二。鼎有實。我仇有疾。不我能即。吉以陽之質。處鼎之中。有實者也。有實之物。不可復加。益之則溢。反傷其實。我仇謂五也。困於乘剛之疾。不能就我。則我不溢。得全其吉也。○仇音求

覆扶又反象曰。鼎有實。慎所之也有實之鼎。不可復有所取。才任已極。不可復有所加我仇有疾。終无尤也

九三。鼎耳革。

其行塞雉膏不食方雨虧悔終吉鼎之為義。虛中以待物者也。而三處下體之上。以陽居陽。守實无應。无所納受。耳宜空以待鉉。而反全其實塞。故曰鼎耳革。其行塞。雖有雉膏而終不能食也。雨者。陰陽交和。不偏亢者也。雖體陽爻而統屬陰卦。若不全任剛亢。務在和通。方雨則悔虧。終則吉也。○(行)下孟反(塞)悉則反象曰鼎耳革失其義也九四鼎折足覆公餗其形渥凶處上體之下。而又應初。既承且施。非已所堪。故曰鼎折足也。初已出否。至四所盛。則已潔矣。故曰覆公餗也。渥。沾濡之貌也。既覆公餗。體為渥沾。知小謀大。不堪其任。受其至辱。災及其身。故曰其形渥凶也。○(折)之舌反(餗)送鹿反(渥)於角反(施)始豉反(盛)

音戚音智（知）象曰覆公餗信如何也不量其力。果致凶災。信如何之

六五鼎黃耳金鉉利貞居中以柔。能以通理納乎剛正。故曰黃耳金鉉利貞也。耳黃則能納剛正以自舉也。○（鉉）懸典反。又古懸反

象曰鼎黃耳中以爲實也以中爲實。所受不安也

上九鼎玉鉉大吉无不利處鼎之終。鼎道之成也。居鼎之成。體剛履柔。用勁施鉉。以斯處上。高不誡亢。得夫剛柔之節。能舉其任者也。應不在一。則靡所不舉。故曰。大吉无不利也○（勁）古政反

象曰玉鉉在上剛柔節也

䷲ 震下震上

震亨懼以成則是以亨震來虩虩笑言啞。

啞震之爲義威至而後乃懼也故曰震來虩虩恐懼之貌也震者驚駭怠惰以肅解慢者也故震來虩虩恐致福也笑言啞啞後有則也○虩許逆反啞烏客反解佳賣反

震驚百里不喪匕鬯威震驚乎百里則是可以不喪匕鬯矣匕所以載鼎實鬯香酒奉宗廟之盛也○震息浪反卦內竝同匕必以反鬯勑亮反

彖曰震亨震來虩虩恐致福也笑言啞啞後有則也震驚百里驚遠而懼邇也威震驚乎百里則惰者懼於近矣出可以守宗廟社稷以爲祭主也明所以堪長子之義也不喪匕鬯則己出可以守宗廟○長丁丈反己音紀

象曰洊雷震君

子以恐懼脩省初九震來虩虩後笑言啞啞吉體夫剛德爲卦之先能以恐懼脩其德也○洊在薦反象曰震來虩虩恐致福也笑言啞啞後有則也六二震來厲億喪貝躋于九陵勿逐七日得震之爲義威駭怠懈肅整惰慢者也初幹其任而二乘之震來則危喪其資貨亡其所處矣故曰震來厲億喪貝億辭也貝資貨糧用之屬也犯逆受戮无應而行行无所舍威嚴大行物莫之納无糧而走雖復超越陵險必困于窮匱不過七日故曰勿逐七日得也○億於其反下同鄭如字喪去聲貝如字躋子西反復扶又反象曰震來厲乘剛也六

武英殿仿宋本

三震蘇蘇震行无眚不當其位位非所處故懼蘇蘇也而无乘剛之逆故可以懼行而无眚也○眚生領反象曰震蘇蘇位不當也九四震遂泥處四陰之中居恐懼之時爲衆陰之主宜勇其身以安於衆若其震也遂困難矣履夫不正不能除恐使物安己德未光也○泥乃計反苟本遂作隊泥乃低反難乃旦反象曰震遂泥未光也六五震往來厲億无喪有事往則无應來則乘剛恐而往來不免於危夫處震之時而得尊位斯乃有事之機也而懼往來將喪其事故曰億无喪有事也象曰震往來厲危行也其事在中大无喪也大則无喪往來乃危

也

上六。震索索。視矍矍。征凶。震不于其躬。于其鄰。无咎。婚媾有言處震之極。極震者也。居震之極。求中未得。故懼而索索。視而矍矍。无所安親也。已處動極而復征焉。凶其宜也。若恐非已造。彼動故懼。懼鄰而戒。合於備豫。故无咎也。極懼相疑。故雖婚媾而有言也。○（索）桑落反。（矍）俱縛反。徐許縛反。（媾）古豆反象曰。震索索。中未得也。雖凶无咎。畏鄰戒也

䷳艮下艮上艮其背目无患也。○（艮）根恨反不獲其身所止在後。故不得其身也行其庭。不見其人。相背故也。○（背）音佩无咎

凡物對面而不相通否之道也艮者止而不相交通之卦也各止而不相與何得无咎唯不相見乃可也施止於背不隔物欲得其所止也背者无見之物无見則自然靜止靜止而无見則不獲其身矣相背者雖近而不相見故行其庭不見其人也夫施止不於无見令物自然而止而强止之則姦邪並興近而不相得則凶其得无咎艮其背不獲其身行其庭不見其人故也 ○ 否備鄙反强其兩反

彖曰艮止也時止則止時行則行動靜不失其時其道光明止道不可常用必施於不可以行適於其時道乃光明也**艮其止止其所也**易背曰止以明背即止也施止不可於面施背乃可也施止於止不施止於行得其所矣故曰

艮其止。止其所也上下敵應。不相與也。是以不獲其身。行其庭不見其人。无咎也。象曰。兼山。艮。君子以思不出其位。各止其所。不侵官也初六。艮其趾。无咎。利永貞。處止之初。行无所之。故止其趾。乃得无咎。至靜而定。故利永貞象曰。艮其趾。未失正也。六二。艮其腓。不拯其隨。其心不快。隨謂趾也。止其腓。故其趾不拯也。腓體躁而處止。而不得拯其隨。又不能退聽安靜。故其心不快也。○腓符非反。快苦夬反象曰。不拯其隨。未退聽也。九三。艮其限。列其夤。厲薰心。限。身之中也。三當兩象之中。故曰艮其限。夤當中脊之肉也。止加其身。中體而分。故列其夤而憂危薰心也。艮之為義。各止於其所。上下不相與。至中則列矣。列加其夤。危莫甚焉。危亡之憂。乃薰灼其心也。施止體中。其體分焉。體分兩主。大器喪矣。○夤引眞反。又音酳。薰許云反

象曰艮其限危薰心也。六四艮其身无咎中上稱身。履得其位。止求諸身。得其所處。故不陷於咎也。象曰艮其身止諸躬也自止其躬。不分全體。六五艮其輔言有序悔亡施止於輔。以處於中。故口无擇言。能亡其悔也。象曰艮其輔以中正也能用中正。故言有序也上九敦艮吉居止之極。極止者也。敦重在上。不陷

非安宜其吉也象曰敦艮之吉以厚終也

䷴艮下巽上漸女歸吉利貞漸者漸進之卦也止而巽以斯適進漸進者也以止巽爲進故女歸吉也進而用正故利貞也○漸捷檢反彖曰漸之進也之於進也女歸吉也進得位往有功也進以正可以正邦也其位剛得中也以漸進得位也上而巽動不窮也象曰山上有木漸君子以居賢德善俗賢德以止巽則居風俗以止巽乃善初六鴻漸于干小子厲有言无咎鴻水鳥也適進之義始於下而升者也故以鴻爲喻

武英殿仿宋本 周易

六爻皆以進而履之爲義焉。始進而位乎窮下。又无其應。若履于干。危不可以安也。始進而未得其位。則困於小子。窮於謗言。故曰。小子。厲有言也。困於小子讒諛之言。未傷君子之義。故曰无咎也。**象曰。小子之厲。義无咎也。六二。鴻漸于磐。飲食衎衎。吉。**磐。山石之安者也。進而得位。居中而應。本无祿養。進而得之。其爲歡樂。願莫先焉。磐畔干反 衎苦旦反 養羊尚反 **象曰。飲食衎衎。不素飽也。九三。鴻漸于陸。夫征不復。婦孕不育。凶。利禦寇。**陸。高之頂也。進而之陸。與四相得。不能復反者也。夫征不復。樂於邪配。則婦亦不能執貞矣。非大而孕。故不育也。三本艮體。而棄乎羣醜。與四

漸

相得。遂乃不反。至使婦孕不育。見利忘義。貪進忘舊。凶之道也。異體合好。順而相保。物莫能閒。故利禦寇也。○孕以證反　復扶又反

象曰：夫征不復，離羣醜也。婦孕不育，失其道也。利用禦寇，順相保也。

六四。鴻漸于木，或得其桷，无咎。鳥而之木。得其宜也。或得其桷。遇安棲也。雖乘于剛。志相得也。○離力智反　桷音角

象曰：或得其桷，順以巽也。

九五。鴻漸于陵，婦三歲不孕，終莫之勝，吉。陵。亥陸者也。進得中位而隔乎三四。不得與其應合。故婦三歲不孕也。各履正而居中。三四不能久塞其塗者也。不過三歲。必得所願矣。進以正邦。三年有成。成則

道濟。故不過三歲也象曰。終莫之勝吉。得所願也。上九。鴻漸于陸。其羽可用爲儀吉。進處高絜。不累於位。无物可以屈其心而亂其志。峩峩清遠。儀可貴也。故曰其羽可用爲儀吉。○累劣僞反象曰。其羽可用爲儀吉。不可亂也。

䷵兌下震上歸妹。征凶。无攸利。妹者。少女之稱也。兌爲少陰。震爲長陽。少陰而承長陽。説以動。嫁妹之象也。○少詩照反。下同。稱尺證反。長丁丈反。下同。彖曰。歸妹。天地之大義也。天地不交。而萬物不興。歸妹。人之終始也。陰陽既合。長少又交。天地之大義。人倫之終始**說以動。所歸妹也。**少女而與長男交。少女所不樂也。而今說以動。所歸必妹也。雖與長男交。嫁而係娣。是以說也。**征凶。位不當也。**履於不正。說動以進。妖邪之道也。**无攸利。柔乘剛也。**以征則有不正之凶。以處則有乘剛之逆。**象曰。澤上有雷。歸妹。君子以永終知敝。**歸妹相終始之道。故以永終知敝。○(敝)婢世反**初九。歸妹以娣。跛能履。征吉。**少女而與長男爲耦。非敵之謂。是娣從之義也。妹少女之稱也。少女之行。善莫若娣。夫承嗣以君之子。雖幼而不妄行。少女以娣。雖跛能履。斯乃恒久之義。吉而相承之道也。以斯而進。吉其宜也。**象曰。歸**

○(娣)大計反(跛)波我反(從)才用反

妹以娣。以恒也。跛能履。吉相承也。九二。眇能視。利幽人之貞雖失其位。而居內處中。眇猶能視。足以保常也。在內履中而能守其常。故利幽人之貞也。○眇彌小反象曰。利幽人之貞。未變常也。六三。歸妹以須。反歸以娣室主猶存而求進焉。進未值時。故有須也。不可以進。故反歸待時。以娣乃行也。○須如字象曰。歸妹以須。未當也。九四。歸妹愆期。遲歸有時夫以不正无應而適人也。必須彼道窮盡。无所與交。然後乃可以往。故愆期遲歸以待時也。○愆起虔反。遲雉夷反。又直冀反象曰。愆期之志。有待而行也。六五帝乙歸妹其君之袂不如其娣之袂良月幾望吉歸妹之中獨處貴位故謂之帝乙歸妹也袂衣袖所以爲禮容者也其君之袂謂帝乙所寵也即五也爲帝乙所崇飾故謂之其君之袂也配在九二兊少震長以長從少不若以少從長之爲美也故曰不若其娣之袂良也位在乎中以貴而行極陰之盛以斯適配雖不若少往亦必合故曰月幾望吉也○袂彌世反幾音機又音祈

象曰帝乙歸妹不如其娣之袂良也其位在中以貴行也

上六女承筐无實士刲羊无血无攸利羊謂三也處卦之窮仰无所承下又无應爲女而承命則筐虛而莫之與爲士

而下命。則刲羊而无血。刲羊而无血。不應所命也。進退莫與。故曰无攸利也。○〔音〕筐曲亡反〔音〕刲苦圭反

象曰。上六无實。承虛筐也

周易卷第五

相臺岳氏刻梓荊谿家塾

舉人臣王錫奎敬書

周易卷五考證

夬象注施而能嚴嚴而能施。諸本施而能嚴作明而能嚴案施指施祿及下嚴指居德則忌䟽所謂威惠兼施也二字已盡象意似不必添用明字况王註順解象文亦應由施及嚴其復云嚴而能施者句法如左氏傳寛以濟猛猛以濟寛之類

夬九四注非已所據必見侵食。侵食汲古閣諸本俱作侵傷案正義曰下剛而進必見侵傷伊川亦云欲止則衆陽進於下故傷而不能安皆與傷字義合

萃六三註二陰相合猶不若一陰一陽之至。案汲古

閣本兼義本之至俱作之應與孔氏正義合今据改

井九三註王明則見照明○案橫渠易說謂明于照物又離大象大人以繼明照于四方即此照明二字之義經傳集解本及李衡周易義海撮要所引俱作照不必如閣本改作昭也

革初九註牛之革堅仞不可變也○監本閣本仞俱作韌案韌韌仞刃忍等字古雖通用但考說文韌柔而固也从韋刃聲與仞字義異

震卦註則足可以不喪匕鬯矣○案足字乃是字之譌依殿本閣本改

艮象註各止其所不侵官也○侵官諸本皆作侵害案孟子曰心之官則思朱震漢上易傳本象註心居中而治五官則官字本非無據況官與位義亦緊對

歸妹彖註嫁而係娣○諸本作係姊案爾雅釋親男子謂女子先生曰姊六書故古之嫁女者以姪娣從自適而下凡謂之娣今曰少女則非先生之姊而爲從嫁之娣無疑且正義係娣爲媵亦其明証

周易下經豐傳第六

王弼註

䷶ 離下震上 豐亨。王假之。大而亨者。王之所至。（假）庚白反。又古雅反。勿憂宜日中。豐之爲義。闡弘微細。通夫隱滯者也。爲天下之主。而令微隱者不亨。憂未巳也。故至豐亨乃得勿憂也。用夫豐亨不憂之德。宜處天中以偏照者也。故曰宜日中也。彖曰。豐大也。音闡大之大也。明以動故豐。王假之。尚大也。大者王之所尚。故至之也。勿憂宜日中。宜照天下也。以勿憂之德。故宜照天下也。日中則昃。月盈則食。

天地盈虛與時消息而況於人乎況於鬼神乎豐之爲用困於昃食者也施於未足則尚豐施於已盈則方溢不可以爲常故具陳消息之道者也象曰雷電皆至豐君子以折獄致刑文明以動不失情理也○折之舌反斷也初九遇其配主雖旬无咎往有尚處豐之初其配在四以陽適陽以明之動能相光大者也旬均也雖均无咎往有尚也初四俱陽爻故曰均也○旬如字又尚純反象曰雖旬无咎過旬災也過均則爭交斯叛也六二豐其蔀日中見斗往得疑疾有孚發若吉蔀覆曖鄣光明之物也處明動之時

不能自豐以光大之德。既處乎內。而又以陰居陰。所豐在蔀。幽而无覩者也。故曰豐其蔀日中見斗也。日中者。明之盛也。斗見者。闇之極也。處盛明而豐其蔀。故曰日中見斗。不能自發。故往得疑疾。然履中當位。處闇不邪。有孚者也。若。辭也。有孚可以發其志。不困於闇。故獲吉也。○蔀音部。王普苟反。暖音愛。郭音章。又音障。斗見音現。不見同

象曰。有孚發若。信以發志也。

九三。豐其沛。日中見沫。折其右肱。无咎。

沛。幡幔。所以禦盛光也。沫。微昧之明也。應在上六。志在乎陰。雖愈乎以陰處陰。亦未足以免於闇也。所豐在沛。日中見沫之謂也。施明則見沫而已。施用則折其右肱。故可以自守而已。未足用也。○沛本或作旆。又普貝反。沫武蓋反。又亡

對反。肱，古宏反。幡，芳袁反。慢，末半反。御，魚呂反。象曰：豐其沛，不可大事也。明不足也。折其右肱，終不可用也。雖有左在，不足用也。

九四：豐其蔀，日中見斗，遇其夷主，吉。以陽居陰，豐其蔀也。得初以發，夷主吉也。象曰：豐其蔀，位不當也。日中見斗，幽不明也。遇其夷主，吉行也。六五：來章，有慶譽，吉。以陰之質，來適尊陽之位，能自光大，章顯其德，獲慶譽也。象曰：六五之吉，有慶也。上六：豐其屋，蔀其家，闚其戶，闃其无人，三歲不覿，凶。屋，藏蔭之物，以陰處極而最在外，不履於位深自幽隱。絶迹深藏者也。既豐其屋。又蔀其家。屋厚家覆。闇之甚也。雖闚其戶。闃其无人。棄其所處而自深藏也。處於明動尚大之時。而深自幽隱以高其行。大道既濟而猶不見。隱不爲賢。更爲反道。凶其宜也。三年豐道之成。治道未濟。隱猶可也。既濟而隱。以治爲亂也。○闚苦規反。闃苦鵙反。徐苦鵙反。覿徒歷反

象曰。豐其屋。天際翔也。翳光最甚者也。**闚其戶。闃其无人。自藏也。**可以出而不出。自藏之謂也。非有爲而藏。不出戶庭。失時致凶。況自藏乎。凶其宜也。○爲于僞反

☶☲ 艮下離上

旅小亨。旅貞吉。不足全夫貞吉之道。唯足以爲旅之貞吉。故特重曰旅貞吉也

彖曰。旅小亨。柔得中乎外而順

乎剛止而麗乎明是以小亨旅貞吉也夫物失其主則散柔乘於剛則乖既乖且散物皆羈旅何由得小亨而貞吉乎夫陽爲物長而陰皆順陽唯六五乘剛而復得中乎外以承于上陰各順陽不爲乖逆止而麗明動不履妄雖不及剛得尊位恢弘大通足以小亨令附旅者不失其正得其所安也旅之時義大矣哉旅者大散物皆失其所居之時也咸失其居物願所附豈非知者有爲之時知音智象曰山上有火旅君子以明慎用刑而不留獄止而明之刑戮詳也初六旅瑣瑣斯其所取災最處下極寄旅不得所安而爲斯賤之役所取致災志窮且困瑣悉果反小

也。象曰：旅瑣瑣，志窮災也。六二，旅即次，懷其資，得童僕貞。次者，可以安行旅之地也。懷，來也。得位居中，體柔奉上，以此寄旅，必獲次舍，懷來資貨，得童僕之所正也。旅不可以處盛，故其美盡於童僕之正也。過斯以往，則見害矣。童僕之正，義足而已。象曰：得童僕貞，終无尤也。九三，旅焚其次，喪其童僕，貞厲。居下體之上，與二相得，以寄旅之身而爲施下之道，與萌侵權，主之所疑也，故次焚僕喪而身危也。（喪）息浪反，卦內幷下卦同。（施）始豉反。象曰：旅焚其次，亦以傷矣；以旅與下，其義喪也。九四，旅于處，得其資斧，我心不快斧所以斫除荆棘以安其舍者也。雖處上體之下。不先於物。然而不得其位。不獲平坦之地。客于所處。不得其次。而得其資斧之地。故其心不快也。快苦夬反象曰旅于處未得位也得其資斧心未快也六五射雉一矢亡終以譽命射雉以一矢而復亡之。明雖有雉。終不可得矣。寄旅而進。雖處於文明之中。居于貴位。此位終不可有也。以其能知禍福之萌。不安其處。以乘其下。而上承於上。故終以譽而見命也。射食亦反象曰終以譽命上逮也上九鳥焚其巢旅人先笑後號咷喪牛于易凶居高危而以爲宅。巢之謂也。客而得上位。故先笑也。以旅而處於上極。衆之所嫉也。以不親之身。而當嫉害之地。必凶之道也。故曰後號咷。牛者稼穡之資。以旅處上。衆所同嫉。故喪牛於易。不在於難。物莫之與。危而不扶。喪牛于易。終莫之聞。莫之聞則傷之者至矣。○號户羔反 咷道羔反 易以豉反。王音亦 **象曰**。以旅在上。其義焚也。喪牛于易。終莫之聞也

☴ 巽下巽上 **巽小亨** 全以巽爲德。是以小亨也。上下皆巽。不違其令。命乃行也。故申命行事之時。上下不可以不巽也 **利有攸往** 巽悌以行。物无距也 **利見大人** 大人用之。道愈隆 **彖曰**。重巽以申命 命乃行也。未有不巽而命行也。○重直龍反 **剛巽乎中正而志行** 以剛而能

用巽。處于中正。物所與也柔皆順乎剛明无違逆。故得小亨是以小亨利有攸往利見大人象曰隨風巽君子以申命行事初六進退利武人之貞處令之初。未能服令者也。故進退也。成命齊邪。莫善武人。故利武人之貞以整之象曰進退志疑也巽順之志。進退疑懼利武人之貞志治也九二巽在牀下用史巫紛若吉无咎處巽之中。既在下位。而復以陽居陰。卑巽之甚。故曰巽在牀下也。卑甚失正。則入于咎過矣。能以居中而施至卑於神祇。而不用之於威勢。則乃至于紛若之吉。而亡其過矣。故曰用史巫紛若吉无咎也象曰紛若之吉得中也九三頻巽吝頻頻蹙不樂而窮不得已之謂也以其剛正而爲四所乘志窮而巽是以吝也○蹙子六反象曰頻巽之吝志窮也六四悔亡田獲三品乘剛悔也然得位承五卑得所奉雖以柔御剛而依尊履正以斯行命必能獲強暴遠不仁者也獲而有益莫善三品故曰悔亡田獲三品一曰乾豆二曰賓客三曰充君之庖象曰田獲三品有功也九五貞吉悔亡无不利无初有終先庚三日後庚三日吉以陽居陽損於謙巽然秉乎中正以宣其令物莫之違故曰貞吉悔亡无不利也化不以漸卒以剛直用加於物故初皆

不說也。終於中正。邪道以消。故有終也。申命令謂之庚。夫以正齊物。不可卒也。民迷固久。直不可肆也。故先申三日。令著之後。復申三日。然後誅而无咎怨矣。甲庚皆申命之謂也

○先西薦反　後胡豆反

象曰。九五之吉。位正中也。

上九。巽在牀下。喪其資斧。貞凶。處巽之極。極巽過甚。故曰巽在牀下也。斧所以斷者也。過巽失正。喪所以斷。故曰喪其資斧貞凶也

象曰。巽在牀下。上窮也。喪其資斧。正乎凶也

☱ 兌下兌上

兌。亨。利貞。

彖曰。兌。說也。剛中而柔外。說以利貞。說而違剛則諂。剛而違說則暴。剛中而柔外。所以說以利貞也。

剛中故利貞。柔外故說亨。是以順乎天而應乎人。天剛而不失說者也。說以先民民忘其勞。說以犯難民忘其死。說之大。民勸矣哉。象曰。麗澤兌。君子以朋友講習。麗猶連也。施說之盛。莫盛於此。先西薦反。又如字。難乃旦反。初九。和兌吉。居兌之初。應不在一。无所黨係。和兌之謂也。說不在諂。履斯而行。未見有疑之者。吉其宜矣。象曰。和兌之吉。行未疑也。九二。孚兌吉悔亡。說不失中。有孚者也。失位而說。孚吉乃悔亡也。象曰。孚兌之吉。信志也。其志信也。六三。來兌凶。以陰柔之質。履非其位。來求說者也。非正而求說，邪佞者也。象曰：來兌之凶，位不當也。九四，商兌未寧，介疾有喜。商，商量裁制之謂也。介，隔也。三爲佞說，將近至尊，故四以剛德裁而隔之，匡内制外，是以未寧也。處於幾近，閑邪介疾，宜其有喜也。象曰：九四之喜，有慶也。九五，孚于剝，有厲。比於上六，而與相得，處尊正之位，不說信乎陽，而說信乎陰，孚于剝之義也。剝之爲義，小人道長之謂。象曰：孚于剝，位正當也。以正當之位，信於小人而疏君子，故曰位正當也。上六，引兌。以夫陰質最處說後，靜退者也，故必見引，然後乃說也。象曰：上六引兌，未光也。

䷺ 坎下巽上 渙亨。王假有廟。利涉大川。利貞。彖曰渙亨剛來而不窮柔得位乎外而上同二以剛來居內。而不窮於險。四以柔得位乎外。而與上同。內剛而无險困之難。外順而无違逆之乖。是以亨。利涉大川。利貞也。凡剛得暢而无忌回之累。柔須正而同志乎剛。則皆亨利涉大川利貞也。○假庚白反。難乃日反。王假有廟王乃在中也王乃在乎渙然之中。故至有廟也。利涉大川乘木有功也乘木即涉難也。木者專所以涉川也。涉難而常用渙道。必有功也。象曰風行水上渙先王以享于帝立廟初六用拯馬壯吉渙散也處散之初乖散未甚故可以遊行得其志而違於難也不在危劇而後乃逃竄故曰用拯馬壯吉**象曰初六之吉順也**觀難而行不與險爭故曰順也

九二渙奔其机悔亡机承物者也謂初也二俱无應與初相得而初得散道離散而奔得其所安故悔亡也**象曰渙奔其机得願也**

六三渙其躬无悔渙之爲義內險而外安者也散躬志外不固所守與剛合志故得无悔也**象曰渙其躬志在外也**

六四渙其羣元吉渙有丘匪夷所思踰乎險難得位體巽與五合志內掌機密外宣化命者也故能散羣之險以光其道然處於卑順不可自專而爲散之任猶有

丘墟匪夷之慮。雖得元吉。所思不可忘也。象曰。渙其羣元吉。光大也。九五。渙汗其大號。渙王居无咎。處尊履正。居巽之中。散汗大號以盪險阸者也。爲渙之主。唯王居之乃得无咎也。○汗下旦反 象曰。王居无咎。正位也。正位不可以假人 上九。渙其血去逖出。无咎。逖遠也。最遠於害。不近侵克。散其憂傷。遠出者也。散患於遠害之地。誰將咎之哉。○去羌呂反 逖湯歷反 遠袁萬反 象曰。渙其血。遠害也

䷻ 兌下坎上 節。亨。苦節不可貞。彖曰。節亨。剛柔分而剛得中。坎陽而兌陰也。陽上而陰下。剛柔分也。剛柔分而不亂。剛得中

而爲制主。節之義也。節之大者。莫若剛柔分男女別也。**苦節不可貞其道窮也**爲節過苦。則物不能堪也。物不能堪。則不可復正也。**說以行險當位以節中正以通**然後乃亨也。无說而行險。過中而爲節。則道窮也。說音悅。**天地節而四時成節以制度不傷財不害民象曰澤上有水節君子以制數度議德行初九不出戶庭无咎**爲節之初。將整離散而立制度者也。故明於通塞。慮於險僞。不出戶庭。愼密不失。然後事濟而无咎也。行下孟反。下注同。**象曰不出戶庭知通塞也九二不出門庭凶**

初已造之。至二宜宣其制矣。而故匿之。失時之極。則遂廢矣。故不出門庭則凶也象曰不出門庭凶失時極也六三不節若則嗟若无咎若辭也。以陰處陽。以柔乘剛。違節之道。以至哀嗟。自已所致。无所怨咎。故曰无咎也象曰不節之嗟又誰咎也六四安節亨得位而順。不改其節而能亨者也。承上以斯。得其道也象曰安節之亨承上道也九五甘節吉往有尚當位居中。為節之主。不失其中。不傷財不害民之謂也。為節而不苦。非甘而何。術斯以往。往有尚也象曰甘節之吉居位中也上六苦節貞凶悔亡過節之中。

以至亢極。苦節者也。以斯施人。物所不堪。正之凶也。以斯脩身。行在无安。故得悔亡。象曰。苦節貞凶。其道窮也

䷼ 兌下巽上 中孚。豚魚吉。利涉大川。利貞。彖曰。中孚。柔在內而剛得中。說而巽。孚有上四德。然後乃孚。○（豚）徒尊反。乃化邦也。信立而後邦乃化也。柔在內而剛得中。各當其所也。剛得中則直而正。柔在內則靜而順。說而以巽。則乖爭不作。如此則物无巧競。敦實之行著。而篤信發乎其中矣。豚魚吉。信及豚魚也。魚者蟲之隱者也。豚者獸之微賤者也。爭競之道不興。中信之德淳著。則雖微隱之物。信皆及之。利涉

大川。乘木舟虛也乘木於用舟之虛。則終已无溺也。用中孚以涉難。若乘木舟虛也○難乃旦反中孚以利貞乃應乎天也盛之至也

象曰。澤上有風。中孚。君子以議獄緩死信發於中。雖過可亮

初九。虞吉。有它不燕虞猶專也。爲信之始而應在四。得乎專吉者也。志未能變。繫心於一。故有它不燕也

象曰。初九虞吉。志未變也。

九二。鳴鶴在陰。其子和之。我有好爵。吾與爾靡之處內而居重陰之下。而履不失中。不徇於外。任其眞者也。立誠篤志。雖在闇昧。物亦應焉。故曰鳴鶴在陰其子和之也。不私權利。唯德是與。誠之至也。故曰我

有好爵與物散之。和胡臥反 好如字。又呼報反 靡亡池反。又亡彼反 象曰其子和之中心願也 六三得敵或鼓或罷或泣或歌 三居少陰之上。四居長陰之下。對而不相比。敵之謂也。以陰居陽。欲進者也。欲進而閡敵。故或鼓也。四履正而承五。非已所克。故或罷也。不勝而退。懼見侵陵。故或泣也。四履乎順。不與物校。退而不見害。故或歌也。不量其力。進退无恒。憊可知也。罷如字。又音皮 閡五代反 憊備拜反 象曰或鼓或罷位不當也 六四月幾望馬匹亡无咎 居中孚之時。處巽之始。應說之初。居正履順。以承於五。內毗元首。外宣德化者也。充乎陰德之盛。故曰月幾望。馬匹亡者。弃羣類也。若夫

居盛德之位。而與物校其競爭。則失其所盛矣。故曰絕類而上。履正承尊。不與三爭。乃得无咎也。○幾音機。又音祈

象曰馬匹亡絕類上也類。謂三。俱陰爻。故曰類也

九五有孚攣如无咎攣如者。繫其信之辭也。處中誠以相交之時。居尊位以爲羣物之主。信何可舍。故有孚攣如。乃得无咎也。○攣力圓反

象曰有孚攣如位正當也

上九翰音登于天貞凶翰。高飛也。飛音者。音飛而實不從之謂也。居卦之上。處信之終。信終則衰。忠篤內喪。華美外揚。故曰翰音登于天也。翰音登天。正亦滅矣。○翰胡旦反

象曰翰音登于天何可長也

小過

䷽ 艮下震上 小過。亨。利貞。可小事。不可大事。飛鳥遺之音。不宜上。宜下。大吉。飛鳥遺其音聲。哀以求處。上愈无所適。下則得安。愈上則愈窮。莫若飛鳥也。○遺如字。上時掌反

彖曰。小過。小者過而亨也。小者謂凡諸小事也。過於小事而通者也。過以利貞。與時行也。過而得以利貞。應時宜也。施過於恭儉。利貞者也。柔得中。是以小事吉也。剛失位而不中。是以不可大事也。成大事者必在剛也。柔而浸大。剝之道也。有飛鳥之象焉不宜上宜下。即飛鳥之象飛鳥遺之音。不宜上。宜下。大吉。

上逆而下順也上則乘剛。逆也。下則承陽。順也。施過於不順。凶莫大焉。施過於順。過更變而爲吉也象曰山上有雷小過君子以行過乎恭喪過乎哀用過乎儉。初六飛鳥以凶。小過上逆下順。而應在上卦。進而之逆。无所錯足。飛鳥之凶也。○行去聲象曰飛鳥以凶。不可如何也。六二過其祖。遇其妣。不及其君。遇其臣。无咎。過而得之謂之遇。在小過而當位。過而得之之謂也。祖。始也。謂初也。妣者居內履中而正者也。過初而履二位。故曰過其祖而遇其妣。過而不至於僭。盡於臣位而已。故曰不及其君遇其臣无咎。○妣必履反象曰不及其君。臣不可過也。九三。弗過防之。從或戕之。凶。小過之時。大者不立。故令小者得過也。居下體之上。以陽當位。而不能先過防之。至令小者咸過。而復應而從焉。其從之也。則戕之凶至矣。故曰弗過防之。從或戕之凶也。戕在良反。象曰。從或戕之。凶如何也。九四。无咎。弗過遇之。往厲必戒。勿用永貞。雖體陽爻。而不居其位。不爲貴主。故得无咎也。失位在下。不能過者也。以其不能過。故得合於免咎之宜。故曰弗過遇之。夫宴安酖毒。不可懷也。處於小過不寧之時。而以陽居陰。不能有所爲者也。以此自守。免咎可也。以斯攸往。危之道也。不交於物。物亦弗與。无援之助。故危則必戒而已。无所告救也沈没怯弱自守而已以斯而處於羣小之中未足任者也故曰勿用永貞言不足用之於永貞**象曰弗過遇之位不當也往厲必戒終不可長也六五密雲不雨自我西郊公弋取彼在穴**小過者小者過於大也六得五位陰之盛也故密雲不雨至于西郊也夫雨者陰布於上而陽薄之而不得通則蒸而爲雨今艮止於下而不交焉故不雨也是故小畜尚往而亨則不雨也小過陽不上交亦不雨也雖陰盛於上未能行其施也公者臣之極也五極陰盛故稱公也弋射也在穴者隱伏之物也小過者過小而難未大作猶在隱伏者也以陰質治小過能獲小過者也故曰公弋取彼在穴也除過之道不在取

之是乃密雲未能雨也。（弋）餘職反象曰。密雲不雨。已上也。陽已上。故止也。上六。弗遇過之。飛鳥離之。凶。是謂災眚。小人之過。遂至上極。過而不知限。至于亢也。過至於亢。將何所遇。飛而不已。將何所託。災自已致。復何言哉。（眚）生領反象曰。弗遇過之。已亢也。

䷾離下坎上既濟。亨小。利貞。初吉終亂。彖曰。既濟亨。小者亨也。既濟者。以皆濟為義者也。小者不遺。乃為皆濟。故舉小者以明既濟也。利貞。剛柔正而位當也。剛柔正而位當。則邪不可以行矣。故唯正乃利貞也。初吉。柔得中也。終止則亂。其道窮也柔得中則小者亨也。柔不得中則小者未亨。小者未亨。雖剛得正。則爲未既濟也。故既濟之要。在柔得中也。以既濟爲安者。道極无進。終唯有亂。故曰初吉終亂。不爲自亂。由止故亂。故曰終止則亂也。象曰水在火上既濟君子以思患而豫防之存不忘亡。既濟不忘未濟也初九曳其輪濡其尾无咎最處既濟之初。始濟者也。始濟未涉於燥。故輪曳而尾濡也。雖未造易。心无顧戀。志棄難者也。其於義也无所咎矣。○曳以制反。濡音儒。造七報反。易以鼓反象曰曳其輪義无咎也六二婦喪其茀勿逐七日得居中履正。處文明之盛。而應乎五。陰之光盛者也。然居初三之間。而近不相得。上不承三。下不比初。夫以光盛之陰。處二陽之閒。近而不相得。能无見侵乎。故曰喪其茀也。稱婦者。以明自有夫而它人侵之也。茀。首飾也。夫以中道執乎貞正而見侵者。衆之所助也。處既濟之時。不容邪道者也。時既明峻。衆又助之。竊之者逃竄而莫之歸矣。量斯勢也。不過七日。不須己逐而自得也。○喪息浪反　茀方弗反　象曰。七日得。以中道也。九三。高宗伐鬼方。三年克之。小人勿用。處既濟之時。居文明之終。履得其位。是居衰末而能濟者也。故伐鬼方三年乃克也。君子處之。故能興也。小人居之。遂喪邦也。象曰。三年克之。憊也。六四。繻有衣袽。終日戒。繻宜曰濡。衣袽所以塞舟漏也。履得其正。而近不與三五相得。夫有隙之棄舟而得濟者。有衣袽也。鄰於不親而得全者。終日戒也。○憊備拜反。繻而朱反。鄭音須。袽女居反。絲袽也。王音如。象曰。終日戒。有所疑也。九五。東鄰殺牛。不如西鄰之禴祭。實受其福。牛。祭之盛者。禴。祭之薄者。居既濟之時而處尊位。物皆濟矣。將何爲焉。其所務者祭祀而已。祭祀之盛。莫盛脩德。故沼沚之毛。蘋蘩之菜。可羞於鬼神。故黍稷非馨。明德惟馨。是以東鄰殺牛。不如西鄰之禴祭實受其福也。○禴羊略反。象曰。東鄰殺牛。不如西鄰之時也。在於合時。不在於豐也。實受其福。吉大來也。上六。濡其首。厲。處既濟之極。既濟道

武英殿仿宋本

窮則之於未濟之於未濟則首先犯焉過進不已則遇於難故濡其首也將没不久危莫先焉

象曰濡其首厲何可久也

䷿ 坎下離上 未濟亨小狐汔濟濡其尾无攸利

彖曰未濟亨柔得中也以柔處中不違剛也能納剛健故得亨也小狐汔濟未出中也小狐不能涉大川須汔然後乃能濟處未濟之時必剛健拔難然後乃能濟汔乃能濟未能出險之中濡其尾无攸利不續終也小狐雖能渡而无餘力將濟而濡其尾力竭於斯不能續終險難猶未足以濟也濟未濟者必有餘力也雖不當位剛柔應也位不當故

未濟剛柔應故可濟象曰火在水上未濟君子以愼辨物居方辨物居方令物各當其所也初六濡其尾吝處未濟之初最居險下不可以濟者也而欲之其應進則溺身未濟之始始於既濟之上六也濡其首猶不反至于濡其尾不知紀極者也然以陰處下非爲進亢遂其志者也困則能反故不曰凶事在己量而必困乃反頑亦甚矣故曰吝也象曰濡其尾亦不知極也九二曳其輪貞吉體剛履中而應於五五體陰柔應與而不自任者也居未濟之時處險難之中體剛中之質而見任與拯救危難經綸屯蹇者也用健拯難靖難在正而不違中故曳其輪貞吉也象曰九二貞吉中

以行正也位雖不正中以行正也六三未濟征凶利涉
大川以陰之質失位居險不能自濟者也以不正之身力不能自濟而求進焉喪其
身也故曰征凶也二能拯難而已比之棄已委二載二而行溺可得乎何憂未濟故曰利
涉大川象曰未濟征凶位不當也九四貞吉悔
亡震用伐鬼方三年有賞于大國處未濟之時而出險
難之上居文明之初體乎剛質以近至尊雖履非其位志在乎正則吉而悔亡矣其志得
行靡禁其威故曰震用伐鬼方也伐鬼方者興衰之征也故每至興衰而取義焉處文明
之初始出於難其德未盛故曰三年也五居尊以柔體乎文明之盛不奪物功者也故以

大國賞之也象曰貞吉悔亡志行也六五貞吉无悔君子之光有孚吉以柔居尊處文明之盛爲未濟之主故必正然後乃吉吉乃得无悔也夫以柔順文明之質居於尊位付與於能而不自役使武以文御剛以柔斯誠君子之光也付物以能而不疑也物則竭力功斯克矣故曰有孚吉象曰君子之光其暉吉也上九有孚于飲酒无咎濡其首有孚失是未濟之極則反於既濟既濟之道所任者當也所任者當則可信之无疑而已逸焉故曰有孚于飲酒无咎也以其能信於物故得逸豫而不憂於事之廢苟不憂於事之廢而耽於樂之甚則至于失節矣由於有孚失於是矣

節也濡其首有孚失是也許歸反 𩓐于南反

象曰。飲酒濡首。亦

周易卷第六

相臺岳氏刻梓荆谿家塾

未濟

舉人臣孫衡敬書

周易卷六考證

豐上六闃其無人○折中定本監本闃門内从闃案徐鍇注説文闃字引此二語解之曰窺小視闃大張目言始小視之雖大張目亦不見人也義當用闃

兑象注施説之盛○别本作施説之道亦通

節上六註以斯施正物所不堪○正當作人施人與下脩身對説言以是苦節施人則凶脩身則无悔觀孔氏疏自明

小過六五注除過之道不在取之足及密雲未能雨也○足及○殿本作是乃義始明閣本諸本皆同

既濟彖注以既濟爲象者道極无進○案象字　武英殿注疏本作安

未濟九二注用健施難循難在正而不違中○閣本兼義本施作拯循作靖案未濟九二正義謂體剛中之質以應于五五陰柔令其濟難者也程傳亦謂當艱難之時所賴者才臣如唐之郭李得正而能保其終吉則是拯之靖之之時非施之循之之時也

繫辭上第七

韓康伯註

天尊地卑。乾坤定矣。乾坤其易之門戶。先明天尊地卑。以定乾坤之體。卑高以陳。貴賤位矣。天尊地卑之義既列。則涉乎萬物。貴賤之動靜有常。剛柔斷矣。剛動而柔止也。動止得其常體。則剛柔之分著矣。○斷丁亂反方以類聚。物以羣分。吉凶生矣。方有類。物有羣。則有同有異。有聚有分也。順其所同則吉。乖其所趣則凶。故吉凶生矣在天成象。在地成形。變化見矣。象況日月星辰。形況山川草木也。懸象運轉以成昬明。山澤通氣而雲行雨施。故變化見矣。○(見)賢遍反是故。剛柔相摩相切摩也。言陰陽之交感也。○(摩)末何反八卦相盪相推盪也。言運化之推移。○(盪)音蕩。又唐黨反鼓之以雷霆潤之以風雨日月運行一寒一暑乾道成男坤道成女。乾知大始坤作成物。乾以易知坤以簡能天地之道。不爲而善始。不勞而善成。故曰易簡。○(大)音泰。(易)以豉反。又音亦易則易知簡則易從。易知則有親易從則有功順萬物之情。故曰有親。通天下之志。故曰有功有親則可久有功則可大有易簡之德。則能成可久可大之功可久則賢人之德。可大則賢人之業天地易簡。萬物各載其形。聖人不爲。羣方各遂其業。德業既成則入於形器。故以賢人目其德業易簡而天下之理得矣天下之理莫不由於易簡。而各得順其分位也天下之理得而成位乎其中矣成位。況立象也。極易簡則能通天下之理。通天下之理。故能成象並乎天地。言其中則明並天地也

聖人設卦觀象此總言也繫辭焉而明吉凶。剛柔相推而生變化繫辭所以明吉凶。剛柔相推所以明變化也。吉凶者存乎

人事也。變化者存乎運行也是故吉凶者失得之象也由有失得。故吉凶生悔吝者憂虞之象也失得之微者。足以致憂虞而已。故曰悔吝變化者進退之象也往復相推。迭進退也剛柔者晝夜之象也晝則陽剛。夜則陰柔。始總言吉凶變化。而下別明悔吝晝夜者。悔吝則吉凶之類。晝夜亦變化之道。吉凶之類。則同因繫辭而明。變化之道。則俱由剛柔而著。故始摠言之。下則明失得之輕重。辨變化之小大。故別序其義也。六爻之動三極之道也三極。三材也。兼三材之道。故能見吉凶成變化也。○見賢遍反是故君子所居而安者易之序也序。易象之次序

繫辭上

所樂而玩者爻之辭也是故君子居則觀其象而玩其辭動則觀其變而玩其占是以自天祐之吉无不利○樂音岳玩五亂反祐音又

彖者言乎象者也彖揔一卦之義也爻者言乎變者也爻各言其變也○爻音肴

吉凶者言乎其失得也悔吝者言乎其小疵也无咎者善補過也是故列貴賤者存乎位爻之所處曰位六位有貴賤也○疵才斯反

齊小大者存乎卦卦有小大也齊猶言辯也即彖者言乎象也

辯吉凶

者存乎辭辭。爻辭也。即爻者言乎變也。言象所以明小大。言變所以明吉凶。故小大之義存乎卦。吉凶之狀見乎爻。至於悔吝无咎。其例一也。吉凶悔吝。小疵无咎。皆生乎變。事有小大。故下歷言五者之差也憂悔吝者存乎介介。纖介也。王弼曰。憂悔吝之時。其介不可慢也。即悔吝者言乎小疵也震无咎者存乎悔无咎者。善補過也。震。動也。故動而无咎存乎悔過也是故卦有小大辭有險易其道光明曰大。君子道消曰小。之泰則其辭易。之否則其辭險辭也者各指其所之易與天地

○易以豉反否備鄙反

準作易以準天地故能彌綸天地之道仰以觀於天

文。俯以察於地理。是故知幽明之故。原始反終。故知死生之說。幽明者。有形无形之象。死生者。始終之數也。精氣爲物。遊魂爲變。精氣烟熅。聚而成物。聚極則散。遊魂爲變也。遊魂。言其遊散也。是故知鬼神之情狀。盡聚散之理。則能知變化之道。无幽而不通也。與天地相似。故不違。德合天地。故曰相似。知周乎萬物而道濟天下。故不過。知周萬物。則能以道濟天下也。〇知音智。道如字。鄭云。當作導。旁行而不流。應變旁通而不流淫也。樂天知命。故不憂。順天之化。故曰樂也。〇樂音洛。安土敦乎仁。

武英殿仿宋本

故能愛安土敦仁者萬物之情也物順其情則仁功贍矣○贍涉豔反範圍天地之化而不過範圍者擬範天地而周備其理也曲成萬物而不遺曲成者乘變以應物不係一方者也則物宜得矣通乎晝夜之道而知通幽明之故則无不知也○知如字或音智故神无方而易无體自此以上皆言神之所爲也方體者皆係乎形器者也神則陰陽不測易則唯變所適不可以一方一體明一陰一陽之謂道道者何无之稱也无不通也无不由也況之曰道寂然无體不可爲象必有之用極而无之功顯故至乎神无方而易无體而道可見矣故窮變以盡神因神以明道陰陽雖殊无一以

待之。在陰爲无陰。陰以之生。在陽爲无陽。陽以之成。故曰一陰一陽也。稱尺證反

繼之者善也。成之者性也。仁者見之謂之仁。知者見之謂之知。仁者資道以見其仁。知者資道以見其知。各盡其分。知音智

百姓日用而不知。故君子之道鮮矣。君子體道以爲用也。仁知則滯於所見。百姓則日用而不知。體斯道者。不亦鮮矣。故常无欲以觀其妙。始可以語至而言極也。鮮悉淺反

顯諸仁。藏諸用。衣被萬物。故曰顯諸仁。日用而不知。故曰藏諸用也。衣於既反 被皮寄反

鼓萬物而不與聖人同憂。萬物由之以化。

故曰鼓萬物也。聖人雖體道以爲用。未能全无以爲體。故順通天下。則有經營之迹也

盛德大業至矣哉夫物之所以通。事之所以理。莫不由乎道也。聖人功用之母。體同乎道。盛德大業。所以能至

富有之謂大業廣大悉備。故曰富有

日新之謂盛德體化合變。故曰日新

生生之謂易陰陽轉易。以成化生

成象之謂乾擬乾之象

效法之謂坤效坤之法

極數知來之謂占。通變之謂事物窮則變。變而通之。事之所由生也

陰陽不測之謂神神也者。變化之極。妙萬物而爲言。不可以形詰者也。故曰陰陽不測。甞試論之曰。原夫兩儀之運。萬物之動。豈有使之然哉。莫不獨

化於大虛。欻爾而自造矣。造之非我。理自玄應。化之无主。數自冥運。故不知所以然。而況之神。是以明兩儀以大極爲始。言變化而稱極乎神也。夫唯知天之所爲者。窮理體化。坐忘遺照。至虛而善應。則以道爲稱。不思而玄覽。則以神爲名。蓋資道而同乎道。由神而冥於神也。（欻）況勿反

夫易廣矣大矣。以言乎遠則不禦。窮幽極深。无所止也。（禦）魚呂反

以言乎邇則靜而正。則近而當

以言乎天地之間則備矣。夫乾其靜也專。其動也直。是以大生焉。專。專一也。直。剛正也。

夫坤其靜也翕。其動也闢。是以廣生焉。翕。斂也。止則翕斂其氣。動則闢開以

生物也。乾統天首物。爲變化之元。通乎形外者也。坤則順以承陽。功盡於已用。止乎形者也。故乾以專直言乎其材。坤以翕闢言乎其形。○翕虛級反闢婢亦反**廣大配天地。變通配四時。陰陽之義配日月。易簡之善配至德。**易之所載。配此四義。**子曰。易其至矣乎。夫易。聖人所以崇德而廣業也。**窮理入神。其德崇也。兼濟萬物。其業廣也。**知崇禮卑。**知以崇爲貴。禮以卑爲用。○知音智**崇效天。卑法地。**極知之崇。象天高而統物。備禮之用。象地廣而載物也**天地設位而易行乎其中矣。**天地者易之門戶。而易之爲義。兼周萬物。故曰行乎其中矣成性存存。道義之門物之存成。由乎道義也聖人有以見天下之賾而擬諸其形容象其物宜乾剛坤柔。各有其體。故曰擬諸形容。【賾】仕責反是故謂之象。聖人有以見天下之動。而觀其會通。以行其典禮典禮。適時之所用繫辭焉以斷其吉凶。是故謂之爻。言天下之至賾而不可惡也。言天下之至動而不可亂也易之爲書。不可遠也。惡之則逆於順。錯之則乖於理。【斷】丁亂反【惡】也。音亞。又烏路反。鄭烏洛反【遠】袁萬反【惡】烏路反【錯】七各反擬之而後言。議之而後動。擬議以成其變化。擬議以動。則盡變化之道。鳴鶴在陰。其子和之。我有好爵。吾與爾靡之。鶴鳴則子和。脩誠則物應。我有好爵。與物散之。物亦以善應也。明擬議之道。繼以斯義者。誠以吉凶失得存乎所動。同乎道者。道亦得之。同乎失者。失亦違之。莫不以同相順。以類相應。動之斯來。綏之斯至。鶴鳴于陰。氣同則和。出言戶庭。千里或應。出言猶然。況其大者乎。千里或應。況其邇者乎。故夫憂悔吝者。存乎纖介。定失得者。愼於樞機。是以君子擬議以動。愼其微也。（和）胡卧反（靡）亡池反。又亡彼反子曰。君子居其室。出其言善。則千里之外應之。況其邇者乎居其室出其言不善則千里之外違之況其邇者乎言出乎身加乎民行發乎邇見乎遠言行君子之樞機樞機制動之主○行下孟反見賢遍反樞機之發榮辱之主也言行君子之所以動天地也可不慎乎同人先號咷而後笑子曰君子之道或出或處或默或語二人同心其利斷金同人終獲後笑者以有同心之應也夫所況同者豈係乎一方哉君子出處默語不違其中則其跡雖異道同則應○號戶羔反咷道羔反默亡北反斷丁亂反又

丁管反　同心之言其臭如蘭

初六藉用白茅无咎子曰苟錯諸地而可矣藉之用茅何咎之有愼之至也夫茅之爲物薄而用可重也愼斯術也以往其无所失矣

勞謙君子有終吉子曰勞而不伐有功而不德厚之至也語以其功下人者也德言盛禮言恭謙也者致恭以存其位者也

亢龍有悔子曰貴而无位高而无民賢人在下位而无

輔是以動而有悔也不出戶庭无咎子曰亂之所生也則言語以爲階君不密則失臣臣不密則失身幾事不密則害成是以君子慎密而不出也子曰作易者其知盜乎（言盜亦乘釁而至也○藉在夜反茅卯交反錯七故反慎時震反）易曰負且乘致寇至負也者小人之事也乘也者君子之器也小人而乘君子之器盜思奪之矣上慢下暴盜思伐之矣慢藏誨盜治容誨淫易曰負且

乘致寇至盜之招也。乘也者如字。一繩證反。藏才浪反。冶音也。

大衍之數五十。其用四十有九。王弼曰。演天地之數。所賴者五十也。其用四十有九。則其一不用也。不用而用以之通。非數而數以之成。斯易之太極也。四十有九。數之極也。夫无不可以无明。必因於有。故常於有物之極。而必明其所由之宗也。衍延善反。演也。分而爲二以象兩。掛一以象三。揲之以四以象四時。歸奇於扐以象閏。五歲再閏。故再扐而後掛。奇況四揲之餘。不足復揲者也。分而爲二。既揲之餘。合掛於一。故曰再扐而後掛。凡閏者十九年七閏爲一章。五歲再閏者二。故略舉其凡也。掛卦買反。王音卦。揲時設反。奇紀宜反。扐郎得反。天數五五奇也地數五五耦也五位相得而各有合天地之數各五。五數相配。以合成金木水火土天數二十有五五奇合爲二十五地數三十五耦合爲三十凡天地之數。五十有五。此所以成變化。而行鬼神也變化以此成。鬼神以此行乾之策。二百一十有六陽爻六。一爻三十六策。六爻二百一十六策坤之策百四十有四陰爻六。一爻二十四策。六爻百四十四策凡三百有六十當期之日。二篇之策萬有一千五百二十。

乾隆四十八年

當萬物之數也二篇三百八十四爻。陰陽各半。合萬一千五百二十策。

(期)音基是故四營而成易分而爲二以象兩。一營也。揲之以四。三營也。掛一以象三。二也。歸奇於扐。四營也十有八變而成卦。八卦而小成。引而伸之伸之六十四卦觸類而長之。天下之能事畢矣。顯道顯。明也。(長)丁丈反神德行由神以成其用。(行)下孟反是故可與酬酢。可與祐神矣可以應對萬物之求。助成神化之功也。酬酢。猶應對也。(酬)市由反。又音疇(酢)在洛反(祐)音又

子曰。知變化之道者。其知神之所爲乎夫變化之

道不爲而自然故知變化者則知神之所爲

易有聖人之道四焉以言者尚其辭以動者尚其變以制器者尚其象以卜筮者尚其占此四者存乎器象可得而用也是以君子將有爲也將有行也問焉而以言其受命也如嚮无有遠近幽深遂知來物非天下之至精其孰能與於此參伍以變錯綜其數通其變遂成天地之文極其數遂定天下之象非天下之至變其孰能與於此易无思也

无爲也。寂然不動，感而遂通天下之故。非天下之至神，其孰能與於此。夫非忘象者，則无以制象。非遺數者，无以極數。至精者，无籌策而不可亂。至變者，體一而无不周。至神者，寂然而无不應。斯蓋功用之母，象數所由立。故曰非至精、至變、至神，則不得與於斯也。○與音預。參，七南反。錯，七各反。綜，宗統反。夫易，聖人之所以極深而研幾也。唯深也，故能通天下之志。唯幾也，故能成天下之務。極未形之理則曰深，適動微之會則曰幾。○幾本作機。幾，微也。唯神也，故不疾而速，不行而至。子曰易有聖人之

道四焉者此之謂也四者由聖道以成。故曰聖人之道

天一。地二。天三。地四。天五。地六。天七。地八。天九。地十。易以極數通神明之德。故明易之道。先舉天地之數也子曰夫易何爲者也。夫易開物成務。冒天下之道。如斯而已者也冒。覆也。言易通萬物之志。成天下之務。其道可以覆冒天下也

○冒莫報反覆去聲是故聖人以通天下之志。以定天下之業。以斷天下之疑。是故蓍之德圓而神。卦之德方以知圓者運而不窮。方者止而有分。言蓍以圓象神。卦以方象

知也。唯變所適。无數不周。故曰圓。卦列爻分。各有其體。故曰方也。〇斷丁亂反 蓍音尸 知音智 分扶問反**六爻之義易以貢**貢。告也。六爻變易以告吉凶。〇易以豉反。韓音亦 **聖人以此洗心**洗濯萬物之心。〇洗悉殄反。又悉禮反 **退藏於密**言其道深微。萬物日用而不知其原。故曰退藏於密。猶藏諸用也 **吉凶與民同患**表吉凶之象。以同民所憂患之事。故曰吉凶與民同患也 **神以知來。知以藏往**明蓍卦之用同神知也。蓍定數於始。於卦爲來。卦成象於終。於蓍爲往。往來之用相成。猶神知也 **其孰能與於此哉。古之聰明叡知。神武而不殺者夫**服萬物而不以威刑

繫辭上

也。與音預。殺所戒反。又所例反。或如字。夫音符。是以明於天之道。而察於民之故。是興神物以前民用。定吉凶於始也。聖人以此齊戒。洗心曰齊。防患曰戒。齊側皆反。以神明其德夫。是故闔戶謂之坤。坤道包物。闔胡臘反。闢戶謂之乾。乾道施生。闢婢亦反。一闔一闢謂之變。往來不窮謂之通。見乃謂之象。兆見曰象。見賢遍反。形乃謂之器。成形曰器。制而用之謂之法。利用出入。民咸用之謂之神。

是故易有大極。是生兩儀 夫有必始於无。故大極生兩儀也。大極者无稱之稱。不可得而名。取其有之所極。況之大極者也。○大音泰 稱尺證反 兩儀生四象。四象生八卦 卦以象之 八卦定吉凶 八卦既立。則吉凶可定 吉凶生大業 既定吉凶。則廣大悉備 是故法象莫大乎天地。變通莫大乎四時。縣象著明莫大乎日月。崇高莫大乎富貴 位所以一天下之動。而濟萬物。○縣音懸 備物致用。立成器以爲天下利。莫大乎聖人。探賾索隱。鉤深致遠。以定天下之吉凶成天下之亹亹者莫大乎蓍龜是故天生神物聖人則之天地變化聖人效之天垂象見吉凶聖人象之河出圖洛出書聖人則之易有四象所以示也繫辭焉所以告也定之以吉凶所以斷也易曰自天祐之吉无不利子曰祐者助也天之所助者順也人之所助者信也履信思乎順又以尚賢也是以自天祐之吉无不利也○探吐南反賾色白反亹亡偉反見賢遍反

乾隆四十八年□□□易□上□

子曰書不盡言言不盡意然則聖人之意其不可見乎子曰聖人立象以盡意設卦以盡情僞繫辭焉以盡其言變而通之以盡利極變通之數則盡利也故曰易窮則變變則通通則久鼓之舞之以盡神乾坤其易之緼邪緼淵奥也○緼紆粉反又於憤反乾坤成列而易立乎其中矣乾坤毁則无以見易易不可見則乾坤或幾乎息矣是故形而上者謂之道形而下者謂之器化而裁之謂之變

因而制其會通適變之道也○上時掌反推而行之謂之通乘變而往者无不通也舉而錯之天下之民謂之事業事業所以濟物故舉而錯之於民○錯七故反是故夫象聖人有以見天下之賾而擬諸其形容象其物宜是故謂之象聖人有以見天下之動而觀其會通以行其典禮繫辭焉以斷其吉凶是故謂之爻極天下之賾者存乎卦鼓天下之動者存乎辭辭爻辭也爻以鼓動效天下之動也化而裁之存乎變推而行

之存乎通神而明之存乎其人體神而明之不假於象故存乎其人○（裁）音才默而成之不言而信存乎德行德行賢人之德行也順足於內故默而成之也體與理會故不言而信也○（行）下孟反

周易卷第七

相臺岳氏刻梓荆谿家塾

周易卷七考證

繫辭其受命也如嚮○正義曰蓍受人命報人吉凶如嚮之應聲也案說文聲之外曰嚮嚮之附聲如影著形漢書班彪王命論曰趨時如嚮起正合此義別本作嚮反失宋版之舊

備物致用立成器以爲天下利○荀悦漢紀成器上有象字今本皆無

周易繫辭下第八

韓康伯註

八卦成列象在其中矣備天下之象也因而重之爻在其中矣夫八卦備天下之理而未極其變故因而重之以象其動用擬諸形容以明治亂之宜觀其所應以著適時之功則爻卦之義所存各異故爻在其中矣。重直龍反剛柔相推變在其中矣繫辭焉而命之動在其中矣剛柔相推況八卦相盪或否或泰繫辭焉而斷其吉凶況之六爻動以適時者也立卦之義則見於彖象適時之功則存之爻辭王氏之例詳矣吉

乾隆四十八年 周易八 一

凶悔吝者生乎動者也有變動而後有吉凶剛柔者立本者也變通者趣時者也立本況卦。趣時況爻。趣七樹反吉凶者貞勝者也貞者正也。一也。夫有動則未免乎累。殉吉則未離乎凶。盡會通之變而不累於吉凶者。其唯貞者乎。老子曰。王侯得一以爲天下貞。萬變雖殊可以執一御也天地之道貞觀者也明夫天地萬物莫不保其貞以全其用也。觀官煥反。又音官日月之道貞明者也天下之動貞夫一者也夫乾確然示人易矣夫坤隤然示人簡矣確。剛貌也。隤。柔貌也。乾坤皆恒一其德。物由以成。故簡易也。

（夫音符 確苦角反 易以豉反 隤大回反）爻也者效此者也象也者像此者也爻象動乎內（兆數見於卦也）吉凶見乎外（失得驗於事也）功業見乎變（功業由變以興故見乎變也）聖人之情見乎辭（辭也者各指其所之故曰情也）天地之大德曰生（施生而不為故能常生故曰大德也）聖人之大寶曰位（夫无用則无所寶有用則有所寶也无用而常足者莫妙乎道有用而弘道者莫大乎位故曰聖人之大寶曰位）何以守位曰仁何以聚人曰財（財所以資物生也）理財正辭禁民為非曰義（禁音金又金鴆反）

古者包犧氏之王天下也。仰則觀象於天。俯則觀法於地。觀鳥獸之文。與地之宜。聖人之作易。无大不極。无微不究。大則取象天地。細則觀鳥獸之文。與地之直也。包又作庖。白交反　王于況反　近取諸身。遠取諸物。於是始作八卦。以通神明之德。以類萬物之情。作結繩而爲罔罟。以佃以漁。蓋取諸離離麗也。罔罟之用。必審物之所麗也。魚麗於水。獸麗于山也。罟音古　佃音田　包犧氏沒。神農氏作。斲木爲耜。揉木爲耒。耒耨之利。以教天下。蓋取諸益制器致豐以益萬物。○斲陟角反耜音似耒力對反耨奴豆反日中爲市。致天下之民。聚天下之貨。交易而退。各得其所。蓋取諸噬嗑。噬嗑。合也。市人之所聚。異方之所合。設法以合物。噬嗑之義也。○市時止反噬市制反嗑胡臘反神農氏沒。黃帝堯舜氏作。通其變。使民不倦。通物之變。故樂其器用不懈倦也神而化之。使民宜之。易窮則變。變則通。通則久。通變則无窮。故可久是以自天祐之。吉无不利。黃帝堯舜垂衣裳而天下治。蓋取諸乾坤。垂衣裳以辨貴賤。乾尊坤甲之義也○祐音又刳木爲舟剡木爲楫舟楫之利以濟不通致遠以利天下蓋取諸渙渙者乘理以散動也○刳口孤反又口溝反剡以冉反楫將輒反徐音日集服牛乘馬引重致遠以利天下蓋取諸隨隨隨宜也服牛乘馬隨物所之各得其宜也重門擊柝以待暴客蓋取諸豫取其備豫○重直龍反柝他洛反暴白報反斷木爲杵掘地爲臼臼杵之利萬民以濟蓋取諸小過以小用而濟物也○斷丁緩反又徒緩反杵昌呂反掘其月反弦木爲弧剡木爲矢弧矢之利以

威天下。蓋取諸睽睽。乖也。物乖則爭興。弧矢之用。所以威乖爭也。○弧音胡。剡以冉反。睽苦圭反上古穴居而野處。後世聖人易之以宮室。上棟下宇。以待風雨。蓋取諸大壯宮室壯大於穴居。故制為宮室。取諸大壯也古之葬者。厚衣之以薪。葬之中野。不封不樹。喪期无數。後世聖人易之以棺椁。蓋取諸大過取其過厚。○衣於既反。數色具反上古結繩而治。後世聖人易之以書契。百官以治。萬民以察。蓋取諸夬夬。決也。書契所以決斷萬事也是故易者象也象也者像也彖者材也材才德也彖言成卦之材以統卦義也爻也者效天下之動者也是故吉凶生而悔吝著也陽卦多陰陰卦多陽其故何也陽卦奇陰卦耦夫少者多之所宗一者衆之所歸陽卦二陰故奇爲之君陰卦二陽故耦爲之主○奇紀宜反其德行何也辨陰陽二卦之德行也○行下孟反陽一君而二民君子之道也陰二君而一民小人之道也陽君道也陰臣道也君以无爲統衆无爲則一也臣以有事代終有事則二也故陽爻畫奇以明君道必一陰爻畫兩以明臣

體必二。斯則陰陽之數。君臣之辨也。以一爲君。君之德也。二居君位。非其道也。故陽卦曰君子之道。陰卦曰小人之道也。易曰憧憧往來朋從爾思。天下之動。必歸乎一。思以求朋。未能一也。一以感物。不思而至。○憧昌容反子曰天下何思何慮。天下同歸而殊塗。一致而百慮。天下何思何慮。夫少則得。多則惑。塗雖殊。其歸則同。慮雖百。其致不二。苟識其要。不在博求。一以貫之。不慮而盡矣日往則月來。月往則日來。日月相推而明生焉。寒往則暑來。暑往則寒來。寒暑相推而歲成焉。往者屈也。來者信也。屈信相感而利生焉。尺蠖之屈，以求信也。龍蛇之蟄，以存身也。精義入神，以致用也。精義，物理之微者也。神寂然不動，感而遂通，故能乘天下之微，會而通其用也。○屈，丘勿反。信，音申。蠖，紆縛反，又烏郭反。蟄，直立反。利用安身，以崇德也。利用之道，皆安其身而後動也。精義由於入神，以致其用；利用由於安身，以崇其德。理必由乎其宗，事各本乎其根。歸根則寧，天下之理得也。若役其思慮以求動用，忘其安身以徇功美，則僞彌多而理愈失，名彌美而累愈彰矣。過此以往，未之或知也。窮神知化，德之盛也。

易曰。困于石。據于蒺蔾。入于其宮。不見其妻。凶。子曰。非所困而困焉。名必辱。非所據而據焉。身必危。既辱且危。死期將至。妻其可得見邪。易曰。公用射隼于高墉之上。獲之无不利。子曰。隼者禽也。弓矢者器也。射之者人也。君子藏器於身。待時而動。何不利之有。動而不括。是以出而有獲。語成器而動者也。括結也。君子待時而動。則无結閡之患也。○射食亦反 隼恤允反 墉音容 括古活反 閡五代反 子曰。

小人不恥不仁不畏不義不見利不勸不威
不懲小懲而大誡此小人之福也易曰屨校
滅趾无咎此之謂也善不積不足以成名惡
不積不足以滅身小人以小善爲无益而弗
爲也以小惡爲无傷而弗去也故惡積而不
可掩罪大而不可解易曰何校滅耳凶子曰
危者安其位者也亡者保其存者也亂者有
其治者也是故君子安而不忘危存而不忘

亡治而不忘亂是以身安而國家可保也易曰其亡其亡繫于苞桑子曰德薄而位尊知小而謀大力小而任重鮮不及矣易曰鼎折足覆公餗其形渥凶言不勝其任也子曰知幾其神乎君子上交不諂下交不瀆其知幾乎形而上者況之道形而下者況之器於道不冥而有求焉未離乎諂也於器不絕而有交焉未免乎瀆也能无諂瀆窮理者也○校胡孝反何河可反又音河知音智鮮先善反折之舌反覆芳六反餗音速勝音升離力智反幾者動之微吉之

乾隆四十八年

先見者也幾者去无入有。理而未形。不可以名尋。不可以形覩者也。唯神也不疾而速。感而遂通。故能朗然玄照。鑒於未形也。合抱之木。起於毫末。吉凶之彰。始於微兆。故爲吉之先見也。見賢遍反君子見幾而作不俟終日易曰介于石不終日貞吉介如石焉寧用終日斷可識矣定之於始。故不待終日也。斷丁亂反君子知微知彰知柔知剛萬夫之望此知幾其神乎子曰顔氏之子其殆庶幾乎有不善未嘗不知知之未嘗復行也在理則昧。造形而悟。顔子之分也。失之於幾。故有不善。得之於二。不遠而復。故知之未嘗復行也。○復行。去聲易曰。不遠復。无祇悔。元吉吉凶者。失得之象也。得二者於理不盡。未至成形。故得不遠而復。舍凶之吉。免夫祇悔而終獲元吉。祇。大也。○祇祁支反。王音支。舍音捨天地絪縕。萬物化醇。男女構精。萬物化生。易曰。三人行則損一人。一人行則得其友。言致一也。致一而後化成也。○絪音因縕紆云反子曰。君子安其身而後動。易其心而後語。定其交而後求。君子脩此三者。故全也。危以動。則民不與也。懼以語。則民不應也。无交而求則民不與也莫之與則傷之者至矣易曰莫益之或擊之立心勿恆凶夫虛已存誠則衆之所不迕也躁以有求則物之所不與也○易以豉反迕五路反

子曰乾坤其易之門邪乾陽物也坤陰物也陰陽合德而剛柔有體以體天地之撰撰數也○撰仕勉反以通神明之德其稱名也雜而不越備物極變故其名雜也各得其序不相踰越況爻繇之辭也○繇直救反下同於稽其類其衰世之意邪有憂患而後作易世衰則失得彌彰爻繇之辭所以

辨失得。故知衰世之意邪。**夫易彰往而察來**。稽猶考也。○稽古兮反易无往不彰。无來不察。**而微顯闡幽**。而微以之顯。幽以之闡。闡。明也。○闡昌善反**開而當名。辨物正言。斷辭則備矣**。開釋爻卦。使各當其名也。理類辨明。故曰斷辭也。○斷丁亂反**其稱名也小。其取類也大**。託象以明義。因小以喻大**其旨遠。其辭文。其言曲而中**。變化无恒。不可爲典要。故其言曲而中也。○中丁仲反**其事肆而隱**。事顯而理微也**因貳以濟民行。以明失得之報**。貳則失得也。因失得以通濟民行。故明失得之報也。失得之報者。得其會則吉。乖其理則凶易之興也其於中古乎作易者其有憂患乎无憂患則不爲而足也是故履德之基也基所蹈也謙德之柄也復德之本也夫動本於靜語始於默復者各反其所始故爲德之本也○柄兵病反恒德之固也固不傾移也損德之脩也益德之裕也能益物者其德寛大也困德之辯也困而益明○辯如字又卜免反井德之地也所處不移象居得其所也巽德之制也巽所以申命明制也履和而至和而不至從物者也和而能至故可履復也謙尊而光復小而辯於物微而辯之不遠復也恒雜

而不厭雜而不厭。是以能恒。厭於豔反損先難而後易刻損以脩身。故先難也。身脩而无患。故後易也。易以豉反益長裕而不設有所興爲以益於物。故曰長裕。因物興務。不虚設也。長丁丈反困窮而通處窮而不屈其道也井居其所而遷改邑不改井。井所居不移而能遷其施也。施始豉反巽稱而隱稱揚命令。而百姓不知其由也。稱尺證反。又尺升反履以和行謙以制禮復以自知求諸已也。行下孟反恒以一德以一爲德也損以遠害止於脩身故可以遠害而已。遠于萬反益以興利困以寡怨困而不濫无怨於物井

以辨義（施而无私。義之方也）巽以行權（權。反經而合道。必合乎巽順。而後可以行權也）

易之爲書也不可遠。（擬議而動。不可遠也　遠　袁萬反。又如字）爲道也屢遷。變動不居。周流六虛。（六虛。六位也）上下无常。剛柔相易。不可爲典要。（不可立定準也　上　時掌反）唯變所適。（變動貴於適時。趣舍存乎會也）其出入以度。外內使知懼。（明出入之度。使物知外內之戒也。出入猶行藏。外內猶隱顯。遯以遠時爲吉。豐以幽隱致凶。漸以高顯爲美。明夷以處昧利貞。此外內之戒也）又明於憂患與故故。事故也无有師保。如臨父母安而不忘危。存而不忘亡。終日乾乾。不可以怠也初率其辭而揆其方。既有典常能循其辭以度其義。原其初以要其終。則唯變所適。是其常典也。明其變者。存其要也。故曰苟非其人。道不虛行。○揆葵癸反。度也度待洛反。以要平聲。下要終亦要同苟非其人。道不虛行

易之爲書也。原始要終。以爲質也質。體也。卦兼終始之義也六爻相雜。唯其時物也爻各存乎其時。物。事也其初難知。其上易知。本末也。初辭擬之。卒成之終

夫事始於微而後至於著。初者數之始。擬議其端。故難知也。上者卦之終。事皆成著。故易知也。擬以豉反。

(易)**若夫雜物撰德，辯是與非，則非其中爻不備。噫，亦要存亡吉凶，則居可知矣。知者觀其彖辭，則思過半矣。**夫彖者舉立象之統。論中爻之義。約以存博。簡以兼衆。雜物撰德。而一以貫之。形之所宗者道。衆之所歸者一。其事彌繁。則愈滯乎形。其理彌約。則轉近乎道。彖之爲義。存乎一也。一之爲用。同乎道矣。形而上者可以觀道。過半之益。不亦宜乎。(噫)於其反(要)一妙反。又一遙反(知)音智(彖)吐貫反(思)息吏反

二與四同功同陰功也**而異位**有內外也**其善不同。二**

多譽二處中和。故多譽也。四多懼近也位逼於君。故多懼也。柔之爲道不利遠者其要无咎其用柔中也四之多懼。以近君也。柔之爲道。須援而濟。故有不利遠者。二之能无咎。柔而處中也。三與五同功同陽功也而異位有貴賤也三多凶五多功貴賤之等也其柔危其剛勝邪三五陽位。柔非其位。處之則危。居以剛健。勝其任也。夫所貴剛者。閑邪存其誠。動而不違其節者也。所貴柔者。含弘居中。順而不失其貞者也。若剛以犯物。則非剛之道。柔以卑佞。則非柔之義也。○勝升證反。一音升。易之爲書也廣大悉備有天道焉有人道焉。

有地道焉兼三材而兩之故六六者非它也。三材之道也〔說卦備矣〕道有變動故曰爻爻有等。故曰物〔等類也乾陽物也坤陰物也爻有陰陽之類而後有剛柔之用故曰爻爻有等故曰物〕物相雜故曰文〔剛柔交錯玄黃相雜〕文不當故吉凶生焉易之興也其當殷之末世周之盛德邪當文王與紂之事邪〔文王以盛德蒙難而能亨其道故稱文王之德以明易之道也〕是故其辭危〔文王與紂之事危其辭也〕危者使平易者使傾〔易慢易也 易以豉反〕。其道甚大百物不廢懼以終始其要无咎此之謂易之道也夫文不當而吉凶生則保其存者亡不忘亡者存有其治者亂不忘危者安懼以終始歸於无咎安危之所由爻象之大體也

夫乾天下之至健也德行恒易以知險夫坤天下之至順也德行恒簡以知阻能說諸心能研諸侯之慮諸侯物主有爲者也能說萬物之心能精爲者之務〇行下孟反易以豉反阻莊呂反說音悅定天下之吉凶成天下之亹亹者是故變化云爲吉事有祥象事知器

占事知來夫變化云爲者。行其吉事則獲嘉祥之應。觀其象事則知制器之方。玩其占事則覩方來之驗也。○亹亡偉反**天地設位。聖人成能**聖人乘天地之正。萬物各成其能。**人謀鬼謀。百姓與能**人謀。況議於衆以定失得也。鬼謀。況寄卜筮以考吉凶也。不役思慮而失得自明。不勞探射而吉凶自著。類萬物之情。通幽深之故。故百姓與能。樂推而不厭也。○射食亦反**八卦以象告**以象告人**爻彖以情言**辭有險易而各得其情也**剛柔雜居而吉凶可見矣。變動以利言**變而通之以盡利也。○盡津忍反**吉凶以情遷**吉凶无定。唯人所動。情順乘理以之吉。情逆違道以蹈凶故曰吉凶以情遷也**是故愛惡相攻而吉凶生**泯然同順。何吉何凶。愛惡相攻。然後逆順者殊。故吉凶生。○惡烏路反。鄭烏洛反**遠近相取而悔吝生**相取猶相資也。遠近之爻。互相資取。而後有悔吝也。**情偽相感而利害生**情以感物則得利。偽以感物則致害也**凡易之情。近而不相得則凶**近。況比爻也。易之情。剛柔相摩。變動相適者也。近而不相得。必有乖違之患。或有相違而无患者。得其應也。相順而皆凶者。乖於時也。存事以考之。則義可見矣**或害之悔且吝**夫无對於物而後盡全順之道。豈可有欲害之者乎。雖能免濟。必有悔吝也。或。欲害之辭也**將叛者其辭慙。**

中心疑者其辭枝。吉人之辭寡。躁人之辭多。誣善之人其辭游。失其守者其辭屈。

周易卷第八

相臺岳氏刻梓荆谿家塾

舉人臣胡釬敬書

周易卷八考證

爻在其中矣註所存各異○存兼義本作在案韓注謂爻卦各有其義存焉孔氏云爻之所存存乎已變之義卦之所存存於未變之義正解此耳則原本存字確無疑義

陰卦多陽註陰卦一陽故耦爲之主○殿本汲古閣本兼義本一陽俱作二陽案陰卦是巽離兌兩畫是陽也原本一字乃刋印偶脫一畫今增

周易說卦第九

韓康伯註

昔者聖人之作易也。幽贊於神明而生蓍幽深也。贊。明也。蓍受命如嚮。不知所以然而然也。贊子旦反。蓍音尸參天兩地而倚數。參奇也。兩耦也。七九。陽數。六八。陰數。參七南反。又如字。倚於綺反。奇紀宜反觀變於陰陽而立卦卦。象也。蓍。數也。卦則雷風相薄。山澤通氣。擬象陰陽變化之體。蓍則錯綜天地參兩之數。蓍極數以定象。卦備象以盡數。故蓍曰參天兩地而倚數。卦曰觀變於陰陽也發揮於剛柔而生爻剛柔發散。變動相生和順於道德而理於義。窮理盡性以至

於命命者生之極。窮理則盡其極也

昔者聖人之作易也。將以順性命之理。是以立天之道曰陰與陽。立地之道曰柔與剛。在天成象。在地成形。陰陽者言其氣。柔剛者言其形。變化始於氣象而後成形。萬物資始乎天。成形乎地。故天曰陰陽。地曰柔剛也。或有在形而言陰陽者。本其始也。在氣而言柔剛者。要其終也。立人之道曰仁與義。兼三才而兩之。故易六畫而成卦。分陰分陽。迭用柔剛。故易六位而成章設六爻以效三才之動。故六畫而成卦也。六位。爻所處之位也。二四

爲陰。三五爲陽。故曰分陰分陽。六爻升降。或柔或剛。故曰迭用柔剛也。○迭田節反

天地定位。山澤通氣。雷風相薄。水火不相射。八卦相錯。數往者順。知來者逆。易八卦相錯。變化理備。於往則順而知之。於來則逆而數之。○射食亦反數色具反。又色主反是故易逆數也。作易以逆覩來事。以前民用

雷以動之。風以散之。雨以潤之。日以烜之。艮以止之。兌以說之。乾以君之。坤以藏之。帝出乎震。齊乎巽。相見乎離。致役乎坤。說言乎兌。

戰乎乾勞乎坎成言乎艮萬物出乎震震東
方也齊乎巽巽東南也齊也者言萬物之絜
齊也離也者明也萬物皆相見南方之卦也
聖人南面而聽天下嚮明而治蓋取諸此也
坤也者地也萬物皆致養焉故曰致役乎坤
兌正秋也萬物之所說也故曰說言乎兌戰
乎乾乾西北之卦也言陰陽相薄也坎者水
也正北方之卦也勞卦也萬物之所歸也故

曰勞乎坎。艮東北之卦也。萬物之所成終而所成始也。故曰成言乎艮。神也者。妙萬物而爲言者也。於此言神者。明八卦運動。變化推移。莫有使之然者。神則无物。妙萬物而爲言也。則雷疾風行。火炎水潤。莫不自然相與爲變化。故能萬物既成也。○【烜】況晚反【說】音悅【嚮】許亮反。後同

動萬物者莫疾乎雷。橈萬物者莫疾乎風。燥萬物者莫熯乎火。說萬物者莫說乎澤。潤萬物者莫潤乎水。終萬物始萬物者莫盛乎艮。故水火相逮。雷風不相悖。山澤

通氣然後能變化既成萬物也○橈乃飽反。王乃教反。又呼勞反熯呼但反徐音漢悖必內反

乾健也坤順也震動也巽入也坎陷也離麗也艮止也兌說也

乾爲馬坤爲牛震爲龍巽爲雞坎爲豕離爲雉艮爲狗兌爲羊

乾爲首坤爲腹震爲足巽爲股坎爲耳離爲目艮爲手兌爲口

說卦

乾天也故稱乎父坤地也故稱乎母震一索而得男故謂之長男巽一索而得女故謂之長女坎再索而得男故謂之中男離再索而得女故謂之中女艮三索而得男故謂之少男兌三索而得女故謂之少女○索色白反下長丁丈反下皆同中丁仲反下同少詩照反下皆同

乾為天為圜為君為父為玉為金為寒為冰為大赤為良馬為老馬為瘠馬為駁馬為木

果。圜音圓 瘠在亦反 駁邦角反

坤爲地爲母爲布爲釜爲吝嗇爲均爲子母牛爲大輿爲文爲衆爲柄其於地也爲黑。釜房甫反

震爲雷爲龍爲玄黄爲旉爲大塗爲長子爲決躁爲蒼筤竹爲萑葦其於馬也爲善鳴爲馵足爲作足爲的顙其於稼也爲反生其究爲健爲蕃鮮。旉音孚 筤音郎 萑音丸 葦韋鬼反 馵主樹反 的丁歷反 顙桑

黨反。的顙。白顛，反生。麻 豆

之屬蕃音煩鮮息連反

巽爲木。爲風。爲長女。爲繩直。爲工。爲白。爲長。爲高。爲進退。爲不果。爲臭。其於人也。爲寡髮。爲廣顙。爲多白眼。爲近利市三倍。其究爲躁卦。

坎爲水。爲溝瀆。爲隱伏。爲矯輮。爲弓輪。其於人也。爲加憂。爲心病。爲耳痛。爲血卦。爲赤。其於馬也。爲美脊。爲亟心。爲下首。爲薄蹄。爲曳。

其於輿也爲多眚。爲通。爲月。爲盜。其於木也。爲堅多心。又反。矯紀表反。輮如九反。王奴又反。女九反。脊精亦反。亟紀力反。王去記反。曳以制反。眚生領反

離爲火。爲日。爲電。爲中女。爲甲冑。爲戈兵。其於人也。爲大腹。爲乾卦。爲鼈。爲蟹。爲蠃。爲蚌。爲龜。其於木也。爲科上槁。冑直又反。乾古丹反。鄭云。乾當爲幹。蠃力禾反。蚌步項反。槁苦老反

說卦

艮爲山。爲徑路。爲小石。爲門闕。爲果蓏。爲閽

寺為指為狗為鼠為黔喙之屬其於木也為堅多節。蓏力火反閽音昏寺如字徐音侍黔其廉反徐音禽喙況廢反

兌為澤為少女為巫為口舌為毀折為附決其於地也為剛鹵為妾為羊。巫亡符反決如字徐音穴鹵力杜反

周易序卦第十

有天地然後萬物生焉盈天地之間者唯萬物故受之以屯屯者盈也屯者物之始生也

屯剛柔始交故爲物之始生也物生必蒙故受之以蒙蒙者蒙也物之穉也物穉不可不養也故受之以需需者飲食之道也飲食必有訟故受之以訟夫有生則有資有資則爭興也○穉直吏反訟必有衆起故受之以師師者衆也衆必有所比故受之以比衆起而不比則爭无由息必相親比而後得寧也○比毗志反比者比也比必有所畜故受之以小畜比非大通之道則各有所畜以相濟也由比而畜故曰小畜而不能大也○畜敕六反物畜然後有禮故

受之以履（履者禮也。禮所以適用也。故既畜則宜用，有用則須禮也。）履而泰然後安，故受之以泰。泰者通也。物不可以終通，故受之以否。物不可以終否，故受之以同人。（否則思通，人人同志，故可出門同人，不謀而合。否，備鄙反。）與人同者物必歸焉，故受之以大有。有大者不可以盈，故受之以謙。有大而能謙必豫，故受之以豫。豫必有隨（順以動者，衆之所隨。）故受之以隨。以喜隨人者必有事，故受之以蠱。蠱者事也。有事而後可大（可大之業由事而生。）故受之以臨。臨者大也。物大然後可觀。故受之以觀。可觀而後有所合。故受之以噬嗑。（可觀則異方合會也。○以觀，官換反。）嗑者合也。物不可以苟合而已。故受之以賁。賁者飾也。（物相合則須飾以脩外也。）致飾然後亨則盡矣。故受之以剝。（許極飾則實喪也。○亨，許庚反。鄭許兩反。）剝者剝也。物不可以終盡剝。窮上反下。故受之以復。復則不妄矣。故受之以无妄。有无妄然後可畜。故受之以大畜。物畜然後可養。故受之以頤。頤者養也。不養則不可動。故受之以大過。（不養則不可動。養過則厚。）物不可以終過。故受之以坎。坎者陷也。（過而不已。）陷必有所麗。故受之以離。離者麗也。（物窮則陷沒也。陷則變。極陷則反所麗也。）

有天地然後有萬物。有萬物然後有男女。有男女然後有夫婦。有夫婦然後有父子。有父子。然後有君臣。有君臣。然後有上下。有上下。

然後禮義有所錯言咸卦之義也。凡序卦所明。非易之緼也。蓋因卦之次。託以明義。咸柔上而剛下。感應以相與。夫婦之象。莫美乎斯。人倫之道。莫大乎夫婦。故夫子殷勤深述其義。以崇人倫之始。而不係之於離也。先儒以乾至離爲上經。天道也。咸至未濟爲下經。人事也。夫易六畫成卦。三材必備。錯綜天人以效變化。豈有天道人事偏於上下哉。斯蓋守文而不求義。失之遠矣。○錯七各反。徐七路反。緼紆粉反。**夫婦之道不可以不久也。故受之以恒。恒者久也。物不可以久居其所。故受之以遯。遯者退也。**夫婦之道以恒爲貴。而物之所居不可以恒。宜與世升降。有時而遯也。**物不可**

以終遯遯君子以遠小人。遯而後亨。何可終邪。則小人遂陵。君子日消也故受之以大壯陽盛陰消。君子道勝物不可以終壯。故受之以晉晉以柔而進也晉者進也雖以柔而進。要是進也進必有所傷。故受之以明夷日中則昃。月盈則食夷者傷也。傷於外者必反於家。故受之以家人傷於外必反脩諸內家道窮必乖室家至親。過在失節。故家人之義。唯嚴與敬。樂勝則流。禮勝則離。家人尚嚴。其敝必乖也故受之以睽。睽者乖也。乖必有難。故受之以蹇。蹇者難也。物不可以終難。

故受之以解解者緩也緩必有所失故受之以損損而不已必益故受之以益益而不已必決益而不已則盈故必決也○難乃旦反解音蟹故受之以夬夬者決也決必有遇以正決邪必有嘉遇也故受之以姤姤者遇也物相遇而後聚故受之以萃萃者聚也聚而上者謂之升故受之以升升而不巳必困故受之以困困乎上者必反下故受之以井井道不可不革井久則濁穢宜革易其故故受之

以革。革物者莫若鼎。故受之以鼎。革去故。鼎取新。既以去故。則宜制器立法以治新也。鼎所以和齊生物成新之器也。故取象焉。○和去聲。又如字。齊才細反主器者莫若長子。故受之以震。震者動也。物不可以終動。動必止之。故受之以艮。艮者止也。物不可以終止。故受之以漸。漸者進也。進必有所歸。故受之以歸妹。得其所歸者必大。故受之以豐。豐者大也。窮大者必失其居。故受之以旅。旅而无所容。故受之以巽

乾隆四十八年

旅而无所容。以巽則得所入也。○長丁丈反巽者入也。入而後說之。故受之以兌。兌者說也。說而後散之。故受之以渙。說不可偏係。故宜散也。○說音悅渙者離也。渙者發暢而无所壅滯則殊趣。各肆而不反則遂乖離也物不可以終離。故受之以節。夫事有其節。則物之所同守而不散越也節而信之。故受之以中孚。孚。信也。既已有節。則宜信以守之有其信者必行之。故受之以小過。守其信者。則失貞而不諒之道。而以信爲過。故曰小過也有過物者必濟。行過乎恭。禮過乎儉。可以矯世厲俗。有所濟也故受

之以既濟物不可窮也故受之以未濟終焉有爲而能濟者以己窮物者也物窮則乖功極則亂其可濟乎故受之以未濟也

周易雜卦第十一

乾剛坤柔比樂師憂親比則樂動衆則憂○(比)毗志反下同(樂)音洛臨觀之義或與或求以我臨物故曰與物來觀我故曰求○(觀)古亂反屯見而不失其居屯利建侯君子以經綸之時雖見而磐桓利貞不失其居也○(見)賢遍反鄭如字蒙雜而著雜者未知所定也求發其蒙則終得所定著定也震起也艮止也損益盛衰之始也

乾隆四十八年

極損則益。極益則損大畜時也因時而畜。故能大也无妄災也无安
之世。妄則災也萃聚而升不來也來還也。方在上升。故不還也謙
輕而豫怠也謙者不自重大噬嗑食也賁无色也飾貴
合衆。无定色也兌見而巽伏也兌貴顯說巽貴卑退隨无故也。
蠱則飭也隨時之宜。不繫於故也。隨則有事。受之以蠱。飭。整治也。蠱所以整治
其事也剝爛也物孰則剝落也復反也晉晝也明夷誅
也誅傷也井通而困相遇也井物所通用而不吝也。困。安於所遇
而不濫也咸速也物之相應。莫速乎咸恆久也渙離也節止

雜卦

也。解緩也。蹇難也。睽外也。相踈外也家人內也。否泰反其類也。大壯則止。遯則退也。大正則小人止小人亨則君子退大有衆也。同人親也。革去故也。鼎取新也。小過過也。中孚信也。豐多故也。高者懼危。滿者戒盈。豐大者多憂故也。○去起呂反親寡旅也。親寡故寄旅也離上而坎下也。火炎上。水潤下小畜寡也。不足以兼濟也履不處也。王弼云。履卦陽爻皆以不處其位爲吉也需不進也。畏險而止也訟不親也。大過顛也。本末弱也姤遇也。柔遇剛也。漸女歸待男行也女從男也頤養正也既濟定也歸妹女之終也女終於出嫁也未濟男之窮也剛柔失位其道未濟故曰窮也夬決也剛決柔也君子道長小人道憂也

周易卷第九

雜卦

舉人臣陳昶敬書

周易卷九考證

序卦決必有遇○　殿本汲古閣本監本有字下俱有所字案周易義海撮要宋曾穜大易粹言王申子大易輯説王宗傳易傳元吴澄易纂言余琰易集説諸本皆與此本同

物不可以終動動必止之○動必二字諸本皆無案徐乾學通志堂經解所輯衆家並同唯董楷傳義附録有此二字今　殿本亦增入

雜卦遘遇也○説文遘訓遇義如姤案全經姤作遘止此一見漢上易傳童溪易傳俞氏集説與此同但卦

名不應通用依折中本改正

周易略例序

唐四門助教邢 璹 註

原夫兩儀未位，神用藏於視聽；一氣化矣，至賾隱乎名言。於是河龍負圖，犧皇畫卦，仰觀俯察，遠物近身，八象窮天地之情，六位備剛柔之體，言大道之妙，有一陰一陽，論聖人之範圍，顯仁藏用，寔三元之胎祖，鼓舞財成，爲萬有之蓍龜，知來藏往，是以孔子三絕，未臻

樞輿劉安九師尚迷宗旨臣舞象之年鼓篋
鱣序漁獵墳典偏習周易研窮耽玩無舍寸
陰是知卦之紀綱周文王之言略矣象之吉
凶魯仲尼之論備矣至如王輔嗣略例大則
揔一部之指歸小則明六爻之得失承乘逆
順之理應變情僞之端用有行藏辭有險易
觀之者可以經緯天地探測鬼神匡濟邦家
推辟咎悔雖人非上聖亦近代一賢臣謹依

其文輒爲註解。雖不足敷弘易道。庶幾有裨於教義。亦猶螢爝增輝於太陽。消流助深於巨壑。臣之志也。敢不上聞

周易略例卷第十

明彖　　王弼

夫彖者何也（將釋其義。故假設問端而曰何）統論一卦之體。明其所由之主者也（統論一卦功用之體。明辯也。辯卦體功用所由之主。立主之義。義在一爻。明辯也）夫衆不能治衆。治衆者至

寡者也萬物是衆。一是寡。衆不能治衆。治衆者至少以治之也夫動不天下之動。動則能制動。制天下之動者貞夫一者也不能自制。制其動者貞之一者也。老子曰王侯得一以爲天下貞。然則一爲君體。君體合道。動是衆。衆由一制也。制衆歸一。故靜爲躁君。安爲動主。夫音符。後同故衆之所以得咸存者主必致一也致猶歸也。衆得皆存其存。有必歸於一。故無心於存。皆得其存也動之所以得咸運者原必无二也動所以運。運不已者。謂无二動。故無心於動而動不息也物无妄。然必由其理物。衆也。妄。虛妄也。天下之衆。衆皆无妄。无妄之理。必由君主統

〔之也〕統之有宗，會之有元，〔統領之以宗主，會合之以元首。〕故繁而不亂，衆而不惑，〔統之有宗主，雖繁而不亂。會之以元首，雖衆而不惑。〕故六爻相錯，可舉一以明也，〔錯，雜也。六爻或陰或陽，錯雜交亂。舉貞一之主，以明其用。〕剛柔相乘，可立主以定也。〔六爻有剛有柔，或乘或據。有逆有順，可立主以定之。〕是故雜物撰德，〔撰，數也。雜，聚也。聚其物體，數其德行。〕辯是與非，〔辯，明也。得位而承之，是也。失位而據之，非也。〕則非其中爻莫之備矣。〔然則非是中之一爻，莫之能備。訟彖云：「有孚窒惕，中吉，剛來而得中也。」困彖云：「貞大人吉，以剛中也。」之例是也。〕故自統而尋之物雖衆則知可以執一御也。无爲之一者，道也，君也。統而推尋，萬物雖殊，一之以神道；百姓雖衆，御之以君主也。由本以觀之，義雖博則知可以一名舉也。博，廣也。本謂君也，道也。義雖廣，舉之在一也。故處璇璣以觀大運，則天地之動未足怪也；據會要以觀方來，則六合輻湊未足多也。天地雖大，覩之以璇璣；六合雖廣，據之以要會。天地之運，不足怪其大；六合輻湊，不足稱其多。○璇，悉全反。璣，音機。輻，音福。湊，千豆反。故舉卦之名，義有主矣；觀其彖辭，則思過半矣。彖揔卦義，義主中爻。

簡易者。道也。君也。道能化物。君能御民。智者觀之。思過其半

夫古今雖殊。軍國異容。中之爲用。故未可遠也

古今革變。軍國殊別。中正之用。終無踈遠。○遠于萬反

品制萬變。宗主存焉。彖之所尚。斯爲盛矣

品變積萬。存之在一

夫少者多之所貴也。寡者衆之所宗也

自此已下。明至少者爲至多之所主。豈直指其中爻而已

一卦五陽而一陰。則一陰爲之主矣。

同人。履。小畜。大有之例是也

五陰而一陽。則一陽爲之主矣

師。比。謙。豫。復。剝之例是也

夫陰之所求者陽也。陽之所求

乾隆四十八年　周易上

者陰也王弼曰。夫陰陽相求之物。以所求者貴也陽苟一焉。五陰何得不同而歸之。陰苟隻焉。五陽何得不同而從之。故陰爻雖賤。而爲一卦之主者。處其至少之地也王氏曰。陽貴而陰賤。以至少處至多之地。爻雖賤。衆亦從之。小畜彖云。柔得位而上下應之是也或有遺爻而舉二體者。卦體不由乎爻也遺。棄也。棄此一爻而舉二體以明其義。卦體之義。不在一爻。豐。歸妹之類是也繁而不憂亂。變而不憂惑。約以存博。簡以濟衆。其唯彖乎簡易者。道也君也。萬物是衆道能生物。君能養民。物雖繁。不憂錯亂。爻雖變。不憂迷惑亂而不能惑變而不能渝非天下之至賾其孰能與於此乎萬物雖雜。不能惑其君。六爻雖變。不能渝其主。非天下之至賾。神武之君。其孰能與於此。言不能也。與音預故觀彖以斯義可見矣觀彖以斯。其義可見

明爻通變

夫爻者何也將釋其義。假設問辭言乎變者也爻者效也。物剛效剛。物柔效柔。遇物而變。動有所之。故云言乎變者也變者何也情僞之所爲也變之所生。生於情僞。情僞所適巧詐多端。故云情僞之所爲也夫

情僞之動，非數之所求也。情欲僞動，數莫能求。故合散屈伸，與體相乖。物之爲體，或性同行乖，情貌相違，同歸殊塗，一致百慮。故萃卦六二，引吉，无咎。萃之爲體，貴相從就。六二志在靜退，不欲相就，人之多辟，己獨取正。其體雖合，志則不同，故曰合散。乾之初九，潛龍勿用。初九身雖潛屈，情無憂悶，其志則申，故曰屈伸。形躁好靜，質柔愛剛，體與情反，質與願違。至如風虎雲龍，嘯吟相感，物之體性，形願相從。此則情體乖違，質願相反。故歸妹九四，歸妹愆期，遲歸有時。四體是震，是形躁也。愆期待時，是好靜也。履卦六三，武人爲于大君。志剛也。兌體是陰，是質柔也。志懷剛武，爲于大君，是愛剛也。巧歷不能定其筭數。聖明不能爲之典要萬物之情。動變多端。雖復巧歷聖明。不能定筭其數。制典法。立要會也法制所不能齊度量所不能均也雖復法制度量。不能均齊詐僞長短。爲之乎。豈在夫大哉情有巧僞。變動相乖。不在於大。而聖明巧歷尚測不知。豈在乎大哉陵三軍者或懼於朝廷之儀。暴威武者或困於酒色之娛陵三軍。暴威武。視死如歸。若獻酬揖讓。汗成霡霂。此皆體質剛猛。懼在微小。故大畜初九。有厲利已。九三輿說輻。雖復剛健。怯於柔弱也近不必比。遠不必乖近爻不必親比。遠爻不必乖離。屯六二初九。爻雖相近。守貞不從。九五雖遠。十年乃字。此例是也。○比，毗志反。

同聲相應，高下不必均也。同氣相求，體質不必齊也。初四、二五、三上，同聲相應，不必均高卑也。同氣相求，不必齊形質也。召雲者龍，命呂者律。雲，水氣也。龍，水畜也。召水氣者水畜，此明有識感无識。命陰呂者陽律，此明无識感有識。故二女相違，而剛柔合體。二女俱是陰類而相違，剛柔雖異而合體，此明異類相應。隆墀永歎，遠壑必盈。隆，高也。墀，水中墀也。永，長也。處高墀而長歎，遠壑之中，盈響而應。九五尊高，喻於隆墀。六二卑下，同於遠壑。唱和相應也。○墀，直其反。投戈散地，則六親不能相保。投，置也。散，逃也。置兵戈於逃散之地。雖是至親。不能相保守也。遯卦九四。好遯。君子吉。處身於外。難在於內。處外則超然遠遯。初六至親。不能相保守也。同舟而濟則胡越何患乎異心。皆同在一舟而俱濟彼岸。胡越雖殊。其心皆同。若漸卦三四。異體和好。物莫能間。故苟識順而相保。似若同在一舟。上下殊體。猶若胡越。利用禦寇。何患乎異心其情。不憂乖遠。苟明其趣。不煩強武。苟識同之趣。不勞用其威武也。能說諸心能研諸慮何憂胡越也。苟知逃散。志之情。諸物之心。憂其凶患。爻變示之。則物心皆說。諸侯之慮。在於育物。爻變告之。其慮益精。

說音悦。睽而知其類。異而知其通。睽彖曰。萬物睽而其事類也。男女睽而其志同也。**其唯明爻者乎**知趣舍。察安危。辯吉凶。知變化。其唯明爻者乎。**故有善邇而遠至命宮而商應**善。脩治也。邇。近也。近脩治言語。千里遠應。若中孚之九二。鳴鶴在陰。其子和之。鳴於此。和於彼。聲同則應。有若宮商也。**脩下而高者降與彼而取此者服矣**處下脩正。高必命之。否之初六拔茅貞吉。九四有命疇離祉也。與謂上也。取謂下也。君上福祿。不獨有之。下人服者。感君之德大有六五厥孚交如威如吉之例是也。**是故情僞相感遠近相追**正應相感是實情蹇之二五之例。不正相感是僞情。順之三上之例。有應雖遠而相追睽之三上之例。无應近則相取。賁之二三之例是也。**愛惡相攻。屈伸相推。**同人三四。有愛有惡。迭相攻伐。否泰二卦。一屈一伸。更相推謝。**見情者獲。直往則違。**獲。得也。見彼之情。往必得志。屯之六四。求婚媾。往吉无不利之例。不揆則往。彼必相違。六三即鹿无虞。惟入于林中。君子幾不如舍。往吝之例是也。**故擬議以成其變化。語成器而後有格。**格作括。括。結也。動則擬議。極於變化。語成器而後无結閡之患也。**不知其所以為主。鼓舞而天下從者。見乎其情者也。**鼓舞猶變化也。易道變化。應人如響。退藏於密。不知為主也。其為變化。萬物莫不從之而變。是顯見其情。繫辭曰。聖人之情見乎辭。又曰。鼓之舞之以盡神是故範圍天地之化而不過。曲成萬物而不遺。範。法也。圍。周圍也。模範周圍天地變化之道而不過差。委曲成就萬物而不有遺失。通乎晝夜之道而无體。一陰一陽而无窮。陽通晝。陰通夜。晝夜猶變化也。極神妙之道。而无體可明。一者。道也。道者。虛无也。在陰之時。不以生長而為功。在陽之時。不以生長而為力。是以生長无窮。若以生長為功。各盡於有物之功極。豈得无窮乎。非天下之至變。其孰能與於此哉。非六爻至極通變。以應萬物。則不能與於此也。○與音預。是故卦以存時。爻以示變。

明卦適變通爻

夫卦者時也。爻者適時之變者也。卦者統一時之大義。爻者適時中之通變。夫時有否泰。故用有行藏。泰時則行。否時則藏。卦有小大。故辭有險易。陰長則小。陽生則大。否卦辭險。泰卦辭易。以詖反○(易)一時之制。可反而用也。一時之吉。可反而凶也。一時有大畜之制。反有天衢之用。一時有豐亨之吉。反有羈旅之凶是也。○故卦以反對。而爻亦皆變。諸卦之體。(羈)居宜反兩相反正。其爻隨卦而變。泰之初九。拔茅彙征吉。否之初六。拔茅彙貞。卦既隨時。爻變亦準也。是故用无常道，事无軌度，動靜屈伸，唯變所適。（卦既推移，道用无常；爻逐時變，故事无軌度。動出靜入，屈往伸來，唯變所適也。）故名其卦，則吉凶從其類；存其時，則動靜應其用。（名其謙比，則吉從其類；名其蹇剝，則凶從其類。震時則動應其用，艮時則靜應其用。）尋名以觀其吉凶，舉時以觀其動靜，（尋謙比蹇剝，則觀知吉凶也；舉艮震，則觀知動靜也。）則一體之變，由斯見矣。夫應者，同志之象也。（得應則志同相和。）位者，爻所處之象也。（陰位，小人所處；陽位，君子所處。）承乘者，逆順之象也。

遠近者險易之象也陰承陽則順。陽承陰則逆。故小過六五乘剛。逆也。六二承陽。順也。遠難則易。近難則險。需卦九三近坎。險也。初九遠險。易矣內外者出處之象也初上者始終之象也內卦是處。外卦爲出。初爲始。上爲終是故雖遠而可以動者得其應也上下雖遠而動者。有其應也。革六二去五雖遠。陰陽相應。往者无咎也。雖險而可以處者得其時也雖險可以處者。得其時也。需上六居險之上。不憂出穴之凶。得其時也弱而不懼於敵者得所據也憂而不懼於亂者得所附也師之六五。爲師之主。體是陰柔。禽來犯田。

執言往計。處得尊位。所以不懼也。遯九五嘉遯貞吉。處遯之時。小人浸長。君子道消。逃遯於外。附著尊位。率正小人不敢爲亂也。**柔而不憂於斷者得所御也。雖後而敢爲之先者應其始也。**體雖柔弱。不憂斷制。良由柔御於陽。終得剛勝。則噬嗑六五噬乾肉得黃金之例。初爻處下。有應於四者。即是體後而敢爲之先。則泰之初九。拔茅茹以其彙征吉之例是也。○斷丁亂反 **物競而獨安於靜者要其終也。**物甚爭競。己獨安靜。會其終也。大有上九自天祐之吉无不利。餘並乘剛。競其豐富。己獨安靜。不處於位。由居上極。要其終也。**故觀變動者存乎應。察安危者存乎位。**爻有變動在乎應。有應而動，動則不失。若謙之九三勞謙君子有終吉之例。爻之安危在乎位。得位則安。若節之六四安節亨之例。失位則危。若晉之九四晉如鼫鼠貞厲之類是。

辯逆順者存乎承乘　陰乘於陽。逆也。師之六三師或輿尸凶。陰承於陽。順也。噬嗑六三小吝无咎。承於九四。雖失其正。小吝无咎也。

明出處者存乎外內　遯君子處外。臨君子處內。

遠近終始各存其會　適得其時則吉。失其會則凶。

辟險尚遠。趣時貴近　遯之上九肥遯无不利。此尚遠也。觀之六四觀國之光利用賓于王。此貴近也。○辟音避

比復好先。乾壯惡首　比初六有孚无咎。上六比之无首凶。復之初九不遠復无祇悔元吉。上六

迷復凶。乾上九亢龍有悔。大壯上六羝羊觸藩不能退不能遂无攸利之例是也。(比)眦志反**明夷務闇豐尚光大**明夷彖云利艱貞晦其明也。豐繇云勿憂宜日中是也**吉凶有時不可犯也**時有吉凶不可越分輕犯**動靜有適不可過也**動靜適時不可過越而動**犯時之忌罪不在大失其所適過不在深**若夬之九三壯于頄有凶。得位有應。時方陽長。同決小人。三獨應之。犯時之忌。凶其宜也。大過九四棟隆吉有它吝。大過之時。陽處陰位爲美。九四陽處陰位。能隆其棟。良由應初。則有它吝。此所適違時也**動**

天下滅君主而不可危也事之大者。震動宇宙。弒滅君主。違於臣道。不可傾危。若離之九四突如其來如焚如死如棄如之例是也侮妻子用顏色而不可易也事之小者，侮慢妻子。用顏色。若家人尚嚴。不可慢易。家人九三家人嗃嗃悔厲吉婦子嘻嘻終吝是也故當其列貴賤之時。其位不可犯也位有貴賤。爻有尊卑。職分既定。不可觸犯遇其憂悔吝之時。其介不可慢也吉凶之始彰也。存乎微。兆悔吝。纖介雖細。不可慢易而不慎也觀爻思變。變斯盡矣

明象

夫象者出意者也。言者明象者也立象所以表出其意。

作其言者。顯明其象。若乾能變化。龍是變物。欲明乾象。假龍以明乾。欲明龍者。假言以象龍。龍則象之意也

盡意莫若象。盡象莫若言。象以表意。言以盡象

言生於象。故可尋言以觀象。若言能生龍。尋言可以觀龍

象生於意。故可尋象以觀意。乾能明意。尋乾以觀其意

意以象盡。象以言著。意之盡也。象以盡之。象之著也。言以著之。故言者所以明象。得象而忘言。象者所以存意。得意而忘象。既得龍象。其言可忘。既得乾意。其龍可捨。猶蹄者所以在兔。得兔而忘蹄。蹄以喻言。兔以喻象。存蹄得兔。得兔忘蹄。筌

者所以在魚得魚而忘筌也求魚在筌。得魚弃筌。○筌士全反然則言者象之蹄也象者意之筌也蹄以喻言。筌以比象。是故存言者。非得象者也。存象者。非得意者也未得象者存言。言則非象。未得意者存象。象則非意象生於意而存象焉則所存者乃非其象也所存者在意也言生於象而存言焉則所存者乃非其言也所存者在象也然則忘象者乃得意者也忘言者乃得象者也忘象得意。忘言得象得意在忘象得象在忘言棄執而後得之故立象以盡意。而象可忘也。重畫以盡情。而畫可忘也。盡意可遺象。盡情可遺畫。若畫和同之意。忘其天火之象。得同志之心。拔茅之畫盡可棄也。○重直龍反是故觸類可為其象。合義可為其徵。徵。驗也。觸逢事類則為象。魚龍牛馬鹿狐鼠之類。大人君子。義同為驗也義苟在健。何必馬乎。類苟在順。何必牛乎大壯九三有乾。亦云羝羊。坤卦无乾。彖亦云牝馬爻苟合順。何必坤乃為牛。義苟應健。何必乾乃為馬遯无坤。六二亦稱牛。明夷无乾。六二亦稱馬。○應音鷹而或者定馬於乾

〔唯執乾爲馬其象未弘也〕案文責卦。有馬无乾。則僞說滋漫。難可紀矣。互體不足。遂及卦變。變又不足。推致五行〔廣推金木水火土爲象也○漫末半反〕一失其原。巧愈彌甚〔一失聖人之原旨。廣爲譬喻。失之甚〕縱復或值。而義无所取。蓋存象忘意之由也〔失魚兔則空守筌蹄。遺健順則空說龍馬〕忘象以求其意。義斯見矣

辯位

案象无初上得位失位之文〔陰陽居之。不云得失〕又繫

辭但論三五二四同功異位亦不及初上何乎（問其意也）唯乾上九文言云貴而无位（陽居之也）需上六云雖不當位（陰居之也）若以上爲陰位邪則需上六不得云不當位也若以上爲陽位邪則乾上九不得云貴而无位也陰陽處之皆云非位而初亦不說當位失位也（不論當位失位凶吉之由）然則初上者是事之終始无陰陽定位也（初爲始上爲終施之於人爲終始非祿位之地也）故乾初謂之潛過

五謂之无位未有處其位而云潛上有位而云无者也歷觀衆卦盡亦如之初上无陰陽定位亦以明矣夫位者列貴賤之地待才用之宅也（宅居也二四陰賤小人居之三五陽貴君子居之）爻者守位分之任應貴賤之序者也（各守其位應之以序。分扶問反）位有尊卑爻有陰陽尊者陽之所處卑者陰之所履也故以尊爲陽位卑爲陰位去初上而論位分則三五各在一卦之上亦何得不謂之陽位。二四各在一卦之下。亦何得不謂之陰位。初上者。體之終始。事之先後也。故位无常分。事无常所。非可以陰陽定也。尊卑有常序。終始无常主。四爻有尊卑之序。終始无陰陽之常主也。○（去）羌呂反故繫辭但論四爻功位之通例。而不及初上之定位也。然事不可无終始。卦不可无六爻。初上雖无陰陽本位。是終始之地也。統而論之。爻之所處則謂之位。卦以六爻爲成。則

不得不謂之六位時成也

略例下

凡體具四德者則轉以勝者爲先。故曰元亨利貞也元爲生物之始。春也。亨爲會聚於物。夏也。利爲和諧品物。秋也。貞能幹濟於物。冬也。乾用此四德。以成君子大人之法也其有先貞而後亨者。亨由於貞也離卦云。利貞亨凡陰陽者。相求之物也近而不相得者。志各有所存也比之六三。處二四之間。四自外比。二爲五貞。所與比者。皆非已親。是有所存者也故凡陰陽二爻。

萃相比而无應則近而不相得隨之六三係丈夫九四隨有獲是无應而相得之例也萃音類又音律又所律反比毗志反有應則雖遠而相得既濟六二有應於五與初三相近情不相得之例然時有險易卦有小大否險泰易遯小臨大同救以相親同辟以相䟽睽之初九九四陰陽非應俱是睽孤同處體下交孚相救而得悔亡是同救相親困之初六有應於四潛身幽谷九四有應於初來徐徐志意懷疑同避金車兩相䟽遠也故或有違斯例者也然存時以考之義可得也或有情僞生違此例者存其時考其驗莫不得之凡彖者統

略例

論一卦之體者也。象者各辯一爻之義者也彖統論卦體。象各明一爻之義故履卦六三爲兑之主。以應於乾。成卦之體。在斯一爻。故彖敘其應。雖危而亨也彖云。柔履剛。說而應乎乾。是以履虎尾。不咥人亨也象則各言六爻之義。明其吉凶之行。去六三成卦之體。而指説一爻之德。故危不獲亨而見咥也六三履虎尾咥人凶。彖言不咥。象言見咥。明爻彖其義各異也。○行下孟反。去羌呂反。咥直結反訟之九二。亦同斯義訟彖云。有孚窒惕中吉。剛來而得中。注云。

其在二乎。以剛而來。正夫羣小。斷不失中。應斯任矣。九二不克訟。歸而逋其邑人三百戶无眚也凡彖者通論一卦之體者也。一卦之體。必由一爻爲主。則指明一爻之美。以統一卦之義。䷍大有之類是也。卦體不由乎一爻。則全以二體之義明之。䷶豐卦之類是也。

凡言无咎者。本皆有咎者也。防得其道。故得无咎也。乾之九三。君子終日乾乾。无咎。若防失其道。則有過咎也。吉无咎者。本亦有咎。由吉故得免也。師貞丈人吉无咎。注云。興役動衆。无功。罪也。故吉乃免咎无咎吉者。先免於咎。而後吉從之也比初六。有孚比之无咎。終來有它吉之例也或亦處得其時。吉不待功。不犯於咎。則獲吉也需之九二。需于沙。小有言。終吉。注云。近不逼難。遠不後時。履健居中。以待其會。雖小有言。以吉終也或有罪自己招。无所怨咎。亦曰无咎。故節六三曰。不節若。則嗟若。无咎。象曰。不節之嗟。又誰咎也。此之謂矣

卦略。○凡十一卦

䷂屯此一卦皆陰爻求陽也屯難之世弱者不能自濟必依於彊民思其主之時也故陰爻皆先求陽不召自往馬雖班如而猶不廢不得其主无所馮也初體陽爻處首居下應民所求合其所望故大得民也江海處下百川歸之君能下物萬民歸之○難乃旦反馮皮冰反

䷃蒙此一卦陰爻亦先求陽夫陰昧而陽明陰困童蒙陽能發之凡不識者求問識者

識者不求所告闇者求明明者不諮於闇故童蒙求我匪我求童蒙也故六三先唱則犯於爲女四遠於陽則困蒙吝初比於陽則發蒙也。遠袁願反

䷉履雜卦曰履不處也又曰履者禮也謙以制禮陽處陰位謙也故此一卦皆以陽處陰爲美也九五夬履貞厲履道惡盈而五處尊位三居陽位則見咥也

䷒臨此剛長之卦也剛勝則柔危矣柔有

其德乃得免咎故此一卦陰爻雖美莫過无咎也長丁丈反

䷓觀之爲義以所見爲美者也故以近尊爲尚遠之爲吝遠爲童觀近爲觀國觀古亂反

䷛大過者棟橈之世也本末皆弱棟已橈矣而守其常則是危而弗扶凶之道也以陽居陰拯弱之義也故陽爻皆以居陰位爲美濟衰救危唯在同好則所贍褊矣九四有應

則有它吝。九二无應則无不利也。大過之時。陽處陰位。心无係應爲吉。陽得位有應則凶也。○橈乃孝反。瞻常豔反。

䷠ 遯小人浸長難在於內亨在於外與臨卦相對者也臨剛長則柔危遯柔長故剛遯也。遯以遠時爲吉。不係爲美。上則肥遯。初則有厲。

䷡ 大壯未有違謙越禮能全其壯者也故陽爻皆以處陰位爲美用壯處謙壯乃全也用壯處壯則觸藩矣

䷣明夷爲闇之主在於上六初最遠之故曰君子于行五最近之而難不能溺故謂之箕子之貞明不可息也三處明極而征至闇故曰南狩獲其大首也 ○遠難藏明明夷之義 遠于萬反 難乃旦反

䷥睽者睽而通也於兩卦之極觀之義最見矣極睽而合極異而通故先見怪焉洽乃疑亡也 火動而上澤動而下睽義見矣 ○最見賢遍反

䷶豐此一卦明以動之卦也尚於光顯宣揚發暢者也故爻皆以居陽位又不應陰爲美其統在於惡闇而已矣小闇謂之沛大闇謂之蔀闇甚則明盡未盡則明昧明盡則斗星見明微故見昧无明則无與乎世見昧則不可以大事折其右肱雖左肱在豈足用乎日中之盛而見昧而已豈足任乎豐之爲義貴在光大惡於闇昧也○惡烏路反　沛步貝反又普貝反　蔀步口反　與如字又音預

周易卷第十

相臺岳氏刻梓荆谿家塾

略例

舉人臣虞衡寶敬書

周易卷十考證

畧例○今坊刻諸注疏本皆無此冊案隋書經籍志謂周易十卷蓋併此爲十此王弼綜一部之大指括三聖之微言唐邢璹謂其經緯天地探測鬼神信然岳本考据精詳附梓卷末視監本之序目遺闕字句舛譌大相逕庭矣

明彖

貞夫一者也註制其動者貞之一者也○案貞之一今武英殿注疏本作貞正之一

隂苟隻焉○隻改隻案説文鳥一枚也从又持隹持一

隹曰隻持二隹曰雙無从夊者

圖書在版編目（CIP）數據

周易 /（魏）王弼，（晋）韓康伯注；（唐）陸德明音義. —上海：上海古籍出版社，2022.9（2023.7重印）
（武英殿仿相臺岳氏本五經）
ISBN 978 - 7 - 5732 - 0311 - 3

Ⅰ. ①周… Ⅱ. ①王… ②韓… ③陸… Ⅲ. ①《周易》–注釋 Ⅳ. ①B221.2

中國版本圖書館CIP數據核字（2022）第107540號

武英殿仿相臺岳氏本五經

周易

［魏］王弼 ［晋］韓康伯 注 略例［魏］王弼 撰 ［唐］邢璹 注
［唐］陸德明 音義

上海古籍出版社出版發行
（上海市閔行區號景路159弄1-5號A座5F 郵政編碼201101）
（1）網址：www. guji. com. cn
（2）E-mail：guji1 @ guji. com. cn
（3）易文網網址：www. ewen. co
常州市金壇古籍印刷廠有限公司印刷
開本890×1240 1/32 印張13.625 插頁5
2022年9月第1版 2023年7月第2次印刷
ISBN 978-7-5732-0311-3
B·1260 定價：92.00元
如有質量問題，請與承印公司聯繫